Panorama Walk

Path am Moel Llanfair

Band 98

OutdoorHandbuch

Ingrid Retterath

Wales: Offa´s Dyke Path

DER WEG IST DAS ZIEL

Wales:

Alle Informationen, schriftlich und zeichnerisch, wurden nach bestem Wissen zusammengestellt und überprüft. Sie waren korrekt zum Zeitpunkt der Recherche. Eine Garantie für den Inhalt, z.B. die immerwährende Richtigkeit von Preisen, Adressen, Telefon- und Faxnummern sowie Internet-Adressen, Zeit- und sonstigen Angaben, kann naturgemäß von Verlag und Autor - auch im Sinne der Produkthaftung - nicht übernommen werden.

Die Autorin und der Verlag sind für Lesertipps und Verbesserungen (besonders als E-Mail) unter Angabe der Auflagen- und Seitennummer dankbar.

Dieses OutdoorHandbuch hat 187 Seiten mit 89 farbigen Abbildungen, einer farbigen Illustration, einem farbigen Höhenprofil sowie 6 farbigen Kartenskizzen und einer farbigen Übersichtskarte. Es wurde auf chlorfrei gebleichtem Papier gedruckt und der größeren Strapazierfähigkeit wegen mit PUR-Kleber gebunden.

Titelfoto: Abstieg vom Hay Bluff

OutdoorHandbuch aus der Reihe "Der Weg ist das Ziel", Band 98

ISBN 978-3-86686-098-8 2. Auflage 2007

Dieses OutdoorHandbuch wurde konzipiert und redaktionell erstellt vom Conrad Stein Verlag GmbH, Postfach 1233, 59512 Welver, Dorfstr. 3a, 59514 Welver, ☏ 02384/963912, FAX 02384/963913, info@conrad-stein-verlag.de, www.conrad-stein-verlag.de

Unsere Bücher sind überall im wohl sortierten Buchhandel und in cleveren Outdoorshops in Deutschland, Österreich und der Schweiz erhältlich.
Auslieferung für den Buchhandel:

D Prolit, Fernwald und alle Barsortimente
A freytag & berndt, Wien
CH AVA-buch 2000, Affoltern und Schweizer Buchzentrum
I Mappa Mondo, Brendola
NL Willems Adventure, LT Maasdijk

Text und Fotos: Ingrid Retterath, Susanne Menzel
Karten: Heide Schwinn
Lektorat: Kerstin Becker
Layout: Yvonne Fanger
Gesamtherstellung: AZ Druck & Datentechnik GmbH, Kempten

00129000

Inhalt

Über die Autorin

Die Rheinländerin Ingrid Retterath bereist Wales seit ihrem 13. Lebensjahr, dabei dürfen die Wanderschuhe nie fehlen. Besonders haben es ihr die Fernwanderwege und die Wanderregionen Brecon Beacons und Snowdonia angetan. Weitere Reiseführer hat sie über die Eifel, das Rheinland und Tunesien geschrieben.
Näheres auf 💻 www.retterath.net.

Symbole

- Achtung, Vorsicht
- Apotheke
- Aussichtspunkt
- Bank
- Beginn/Ende einer Etappe
- B&B Bed & Breakfast
- Buchtipp
- Café, Cafeteria, Bistro
- Campingmöglichkeit
- Einkaufsmöglichkeit
- Entfernung vom Path
- E-Mail
- Fax
- Freizeit und Fitness
- Geocache direkt am Weg
- Gepäcktransport
- Homepage
- Hotel, Guesthouse
- Information
- Kirche
- Krankenhaus
- Leserbrief/Lesertipp
- Möglichkeit zum Teekochen
- Museum, Burg, Ruine
- Öffnungszeiten
- Pick-Up-Service
- Post
- Restaurant, Imbiss
- Streckenalternative, Umweg
- Telefon
- Tipp
- Ü Übernachtung
- ÜF Übernachtung mit Frühstück
- Verkehrsmittel
- Verweis
- Vorwahl
- Waschsalon
- Fahrtage und Zahl der Busse bei 🚌
- Jugendherberge, Hostel, Bunkhouse

Vorwort

Auf dem Offa's Dyke Path wird der Wanderer zum Grenzgänger in Zeit und Raum. Im Unterschied zu anderen Fernwanderwegen beruht der Streckenverlauf nicht auf einer geografischen Vorgabe, sondern orientiert sich an einem von Menschenhand geschaffenen Grenzwall. Kein Wunder also, dass im Laufe der insgesamt 284 km nahezu täglich die englisch-walisische Grenze überschritten wird. Wo noch vor 150 Jahren einem Waliser, der auf der englischen Seite erwischt wurde, die Ohren abgeschnitten wurden, wird der Wanderer heute beiderseits der Grenze von gleichermaßen freundlichen Gastgebern begrüßt.

Der Offa's Dyke Path wird von den trüben Fluten des Bristol Channel im Süden und der kalten Irischen See im Norden begrenzt. Die Streckenführung durch eine abwechslungsreiche Landschaft bietet hinreißende Aussichten und faszinierende Naturerlebnisse im Hochmoor, im hügeligen Farmland und an schroffem Fels. Fließend überschreiten Sie die Grenzen der historischen Epochen, wenn Sie prähistorische Hügelfestungen, stillgelegte Industriekanäle und mittelalterliche Burgen besuchen.

Dieses Buch bietet Ihnen alle wichtigen Informationen zur Planung und Durchführung Ihrer Reise ins britische Grenzland, so dass Sie bei der Anreise nur eine Straßenkarte und während der Wanderung allenfalls detailliertere Karten benötigen. Grundsätzlich Wissenswertes finden Sie in den zwei allgemeinen Abschnitten, konkrete Angaben zu Unterkünften, Gasthäusern, usw. in den Beschreibungen der Einzeletappen.

Ich wünsche Ihnen gute Erholung und viele nette Begegnungen.

Hwyl Fawr und Good-bye.

Ingrid Retterath

Danke

sage ich an dieser Stelle allen, die mich beim Erstellen und Aktualisieren dieses Buches unterstützt haben. Das gilt speziell für Susanne Menzel, Astrud Schmidt und Daniela Peters, die mich bei der Recherchewanderung 2006 begleitet haben. Danke auch nach Dortmund an Gundela und Claudia für die vielen netten Gespräche während der gemeinsamen Etappen und den guten Übernachtungs-Tipp.

Mein besonderer Dank gilt meiner Mutter für die gute Pflege meines Hundes Balou während der Recherchen.

Liebe Mareike Lehr: herzlichen Dank für den ausführlichen Leserbrief. Schade, dass wir uns nicht getroffen haben, wir waren etwa zeitgleich auf Offas Spuren unterwegs.

☺ *Der Cartoon, gezeichnet von Rupert Besley, stammt von einer Postkarte, die überall entlang des Paths erhältlich ist.* ☞

King Offa und sein Dyke

König Offa regierte das Reich von **Mercia** (das Gebiet der heutigen Grafschaften Kent, Sussex, Wessex und East Anglia) von seiner Krönung 757 bis zu seinem Tod 796. Er trat damit die Nachfolge seines Vetters, König Aethelbald an. In dem Bürgerkrieg, der seiner Krönung folgte, unterdrückte Offa den Widerstand unter seinen Adligen in Mercia und an den Außengrenzen rücksichtslos im Keim. Er schuf damit in Südengland Einheit und politischen Frieden auf dem höchsten Niveau der gesamten **angelsächsischen Ära** (5.-11. Jh.). Die kleineren Fürsten und Könige der Region zollten ihm schon bald großen Respekt. Zur weiteren Sicherung des Friedens verheiratete er seine zwei Töchter mit den Herrschern von Wessex und Northumbria.

Die Herrscher des Kontinents akzeptierten den König von Mercia als ebenbürtig. In einem Handelsvertrag mit dem **Frankenkönig Karl dem Großen** legte Offa 796 einen lange währenden Streit der Königshäuser bei. Zu Papst Adrian I. pflegte er ein freundschaftliches Verhältnis. Er erleichterte diesem die Kontrolle über die englische Kirche, im Gegenzug wurde sein Wunsch nach einem eigenen Erzbistum in Lichfield erfüllt. Diese Änderung der Kirchenorganisation entzog die Kirche von Mercia dem Machtbereich des **Erzbischofs von Canterbury**, der zu Offas Feinden im Königreich Kent gehörte.

König Offa beherrschte sein Reich in für mittelalterliche Maßstäbe höchst fortschrittlicher Weise. So führte er schon bald nach seiner Krönung den Silberpenny ein. Erstmalig zeigte eine Münze Name und Titel des Königs als Münzherr sowie den Namen des für die Qualität der Münze verantwortlichen Münzers. Die von Offa aufgestellten Regeln zur Münzherstellung galten noch bis weit in das 12. Jh. hinein.

Das eindrucksvollste Denkmal seiner Macht hat sich König Offa an der westlichen Grenzlinie seines Herrschaftsgebiets geschaffen: Auf einer Länge von 270 km ließ er einen mächtigen Erdwall, den **Offa's Dyke,** zwischen sein Reich Mercia und die walisischen Siedlungen im Westen setzen. Seinen Untertanen ließ Offa die Wahl, vier Fuß (122 cm) der Wallanlage zu bauen oder den entsprechenden Gegenwert in Lebensmitteln auf die Baustelle zu schicken. Wann genau der Offa's Dyke errichtet wurde, lässt sich nicht mehr zweifelsfrei feststellen. In den britischen Schulbüchern liegt die Bauzeit zwischen 784 und 786, manche Autoren nennen die gesamte Regierungszeit Offas als Bauzeit und einige "Sachverständige" versteigen sich sogar dazu, nur ein einziges Jahr (757, 770 bzw. 784) zu benennen.

Es ist nicht einmal sicher, ob der Wall Offas Idee war oder ob er ein bereits begonnenes Bauprojekt weiterführte. Seit Kurzem sind führende britische Archäologen der Auffassung, es habe schon viel früher erste Versuche gegeben, einen Grenzwall zu errichten. Während einer Ausgrabung bei Oswestry im Frühjahr 2000 wurden in der Sohle des Grabens entlang der Westseite des Walls Feuerstellen und Tonscherben entdeckt, die von der Queen's University of Belfast durch Radio-Karbon-Bestimmung auf 411 - 561 n.Chr. datiert wurden. Der Dyke muss - zumindest in diesem Abschnitt - also bereits 300 - 400 Jahre vor Offa aufgeschüttet worden sein. Man vermutet momentan, dass **Kaiser Septimius Severus** um 200 n.Chr. den Wall errichten ließ.

Der Dyke ist heute nicht durchgängig zu erkennen. Vom ursprünglichen Wall sind noch etwa 128 km erhalten. An manchen Stellen scheint er niemals existiert zu haben. Möglicherweise konnte Offa sein Werk nie vollenden.

Weniger als **Verteidigungsanlage** gegen die wilden Stämme der Waliser (so wird es heute meist etwas verklärt dargestellt), sondern wohl eher als klare **Grenzlinie** mit großem strategischen Wert zwischen Mercia und Wales ließ Offa den Wall errichten bzw. weiterbauen. Hierfür spricht auch das von Offa geltend gemachte Gesetz "Kein Waliser soll englisches Land betreten ohne den dazu berufenen Mann der anderen Seite, der ihn auf dem Damm abholt und wieder dorthin zurückbringt, ohne dass ein Verbrechen begangen wird".

Einige Historiker wollen sogar von einem Abkommen zwischen Offa und den Walisern wissen, wonach beide Parteien einer exakt gezogenen Demarkationslinie zwischen dem neu gegründeten England und dem unabhängigen Cymru (der walisische Name von Wales) zustimmten. Wahrhaft wütende Angreifer aus dem Westen hätten der maximal 4 m tiefe Graben und der an seiner höchsten Stelle 18 m hohe Wall auch nicht dauerhaft von einem Übergriff abhalten können, dazu war das Gefälle nicht steil genug.

Die psychologische Wirkung für beide Seiten war dennoch enorm. Über Jahrhunderte galt der Dyke als unumstrittene Grenze zwischen England und Wales, die Orte westlich tragen walisische Namen, östlich meist englische.

Noch im Jahr 1854 beschrieb George Borrow in seiner Erzählung "Wild Wales" die Sitte der Engländer, jedem Waliser, der auf der Ostseite des Dyke gefunden wurde, die Ohren abzuschneiden; im Gegenzug wurde jeder englische Grenzüberschreiter von den Walisern gehängt.

Der Offa's Dyke wurde damit über die Jahrhunderte ein gewichtiges Symbol der englisch-walisischen Abneigung. Und noch immer legen viele Bewohner des Grenzlandes großen Wert auf ihre Zugehörigkeit zur einen oder anderen Seite.

Der Weg - Offa's Dyke Path

Idee und Anlage

Nicht der älteste, nicht der längste, nicht der schwierigste, sicher aber einer der schönsten und abwechslungsreichsten Long Distance Walks führt auf 284 km durch das gesamte Grenzgebiet zwischen England und Wales. Unter den britischen Langstreckenwanderern hat sich der Offa's Dyke Path in den letzten Jahren zum Geheimtipp entwickelt.

Anfang der 1960er Jahre entstand in Großbritannien die Idee, Langstreckenwanderwege in landschaftlich reizvollen Regionen anzulegen. Schon 1971 wurde der **Offa's Dyke Path** durch Lord John Hunt eröffnet. Er war Leiter der britischen Expedition, mit der Hillary und Tenzing Norgay am 29.5.1953 die Erstbesteigung des Mount Everest gelang.

Die Initiative zum Offa's Dyke Path ging von der **Offa's Dyke Association** (O.D.A.) aus. Sie wurde 1969 von dem ehemaligen Lehrer Frank Noble in Knighton gegründet. Nach der Öffnung des Weges löste sich die O.D.A. nicht auf - wie viele andere Path-Building-Bewegungen der damaligen Zeit- , sondern mauserte sich zu einem Verein mit mehreren hundert Mitgliedern weltweit, die stets um verbesserte Routen ohne Asphalt, leicht erkennbare Wegmarkierungen und gute Öffentlichkeitsarbeit für Dyke und Path bemüht ist.

Ortsansässige Mitglieder sind als "**lengthsmen**" tätig. Sie kümmern sich um einen festen Streckenabschnitt, führen kleinere Reparaturen durch, melden Umleitungen und Probleme an die Zentrale der O.D.A. in Knighton.

ℹ Die Offa's Dyke Association betreibt in Knighton ein Informationszentrum: O.D.A. Information Centre, West Street, Knighton, Powys, LD7 1EN, ☏ 01547/528753, 💻 www.offasdyke.demon.co.uk, mit aktuellen Tipps zu Unterkunft, Karten und Neuigkeiten. April bis Oktober täglich 🚪 9:00 bis

17:30, Okt bis April Mo bis Fr 9:00 bis 17:00. Im O.D.A. Information Centre gibt es eine gut ausgearbeitete Ausstellung zu Dyke und Path mit interaktiven Computerprogrammen und audiovisuellen Informationen.

Der Offa's Dyke Path ist durchgängig markiert. Auf meist hölzernen Wegweisern ist eine auf dem Kopf stehende Eichel abgebildet, das Symbol für die offiziellen britischen National Trails. Daneben steht "Offa's Dyke Path", auf den walisischen Streckenabschnitten außerdem **"Llwybr Clawdd Offa"**.

Wichtig: Die Eichel muss dabei sein! Ein bloßer gelber Pfeil hat schon manch einen Wanderer in die Irre geführt.

In seinem Verlauf kreuzt der Offa's Dyke Path neunmal die Grenze zwischen England und Wales und läuft auf der **Hatterhall Ridge** kilometerlang auf der Grenzlinie. Auf und am Offa's Dyke Path können Sie die **Black Mountains** und die Hügel der **Clwydian Range**, die Flüsse **Wye** und **Severn**, lebendige Marktstädtchen sowie zahlreiche historische Hügelfestungen, Burgen und Abteien sehen.

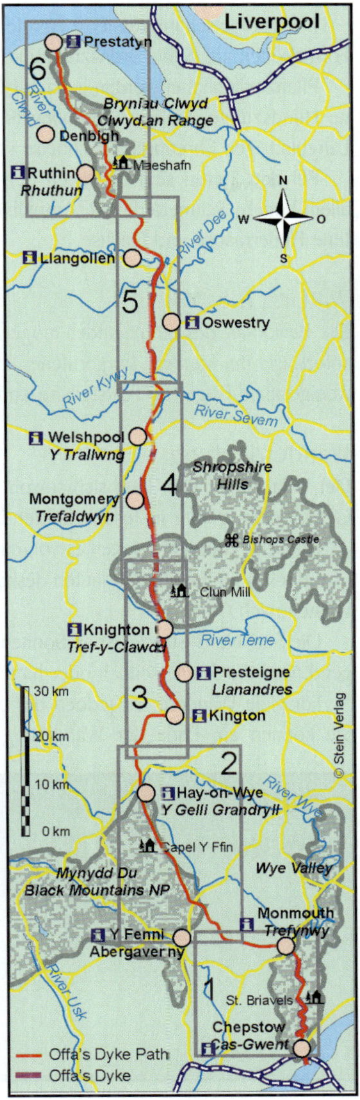

Der geologisch interessierte Wanderer kann sich auf Kalksteinfossilien und Formationen aus Silur, Ordivizium und Vorkambrium freuen.

Pflanzenliebhaber werden je nach Jahreszeit auf seltene Arten wie Gemeine Hundszunge, Einbeere, Frühlingsfingerkraut, Blauaugengras, Orchideen, Langblättrigen Ehrenpreis, Pechnelke und Steinfingerkraut stoßen.

Bei den Tieren sind es neben den üblichen Haus- und Farmtieren vor allem Vogel-, Schmetterlings-, Amphibien- und Säugetierarten, darunter seltene Fledermäuse und Dachse.

Walking the Dyke

Die Bewohner des Grenzlandes mögen den Offa's Dyke Path und erkennen sofort, wer ihn wandert. Ihr gerufenes "Hi there! Walking the Dyke?!" ist meist weniger eine Frage, als Feststellung und Gruß zugleich.

Wanderrichtung

Der Offa's Dyke Path lässt sich sowohl von Süden nach Norden als auch in Gegenrichtung oder in Teilabschnitten laufen.

Britische Wanderer ziehen es vor, das Wetter - vor allem Regen und Wind - im Rücken zu haben, und laufen deshalb von Süden nach Norden oder von Westen nach Osten.

Die Süd-Nord-Strecke ist an Sonnentagen für die Augen weniger anstrengend, weil die Sonne seitlich oder hinter Ihnen steht.

Für viele Wanderer ist jedoch der psychologische Aspekt entscheidend: Sie können am Ende der Wanderung die heißgelaufenen Füße im Meer

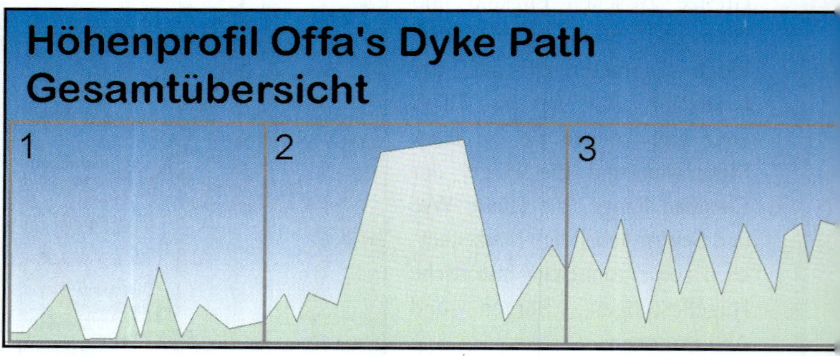

abkühlen und sich in das Buch für erfolgreiche ODP-Walker in der Touristeninformation in Prestatyn eintragen. Im Buch ist daher diese Laufrichtung beschrieben. Anhand der abgedruckten Karten sollte Ihnen aber auch die Wanderung von Norden nach Süden gelingen.

Wenn Sie den Offa's Dyke Path nicht am Stück laufen, bieten sich **Knighton**, **Welshpool** und **Chirk** als Ein- oder Ausstieg an, dort gibt es Bahnhöfe.

Sofern Sie sich an den vorgeschlagenen Tagesetappen orientieren wollen, legen Sie den Start (Voretappe) möglichst nicht auf einen Mittwoch oder Donnerstag. Während der 11. Etappe werden Sie am **Moel Fammau** sonst wohlmöglich von unzähligen Wochenendausflüglern überrollt.

Koordinaten

Alle britischen Karten sind mit einem Gitternetz nach dem **National Grid Reference System** überzogen. Es ermöglicht dem Benutzer die sichere Orientierung im Gelände.

Britische Wanderer sind mit dem Auffinden von Koordinaten vertraut, z.B. wird in dem Heftchen "Where to stay" der Offa's Dyke Association als Standortangabe außer der Anschrift auch stets die Koordinate der Unterkunft genannt.

Auch deutsche Soldaten, Katastrophenschützer, Geocacher und Globetrotter mit Erfahrungen in gleichförmigem Gelände (Sahara, Australien, Nordkanada) kennen sich aus:

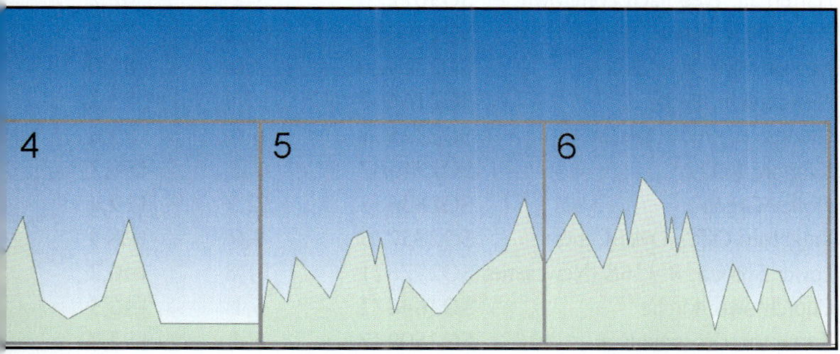

Eine Koordinate besteht aus zwei Buchstaben, die ein 100 x 100 km-Quadrat kennzeichnen, das ist für White Castle SO, im Kartenausschnitt stets unten links eingedruckt. Suchen Sie die nächste senkrechte Linie links von der Burg und lesen Sie den Wert ab: 37. Nun teilen Sie den Abstand zur nächsten senkrechten Linie rechts davon gedanklich in zehn Teile und schätzen die Entfernung zur linken Linie: 9. So kommen Sie auf den sogenannten Ostwert: 379. Finger wieder zurück auf die Burg, die nächste Linie nach unten suchen: 16, Abstand zur oberen Linie zehnteln und schätzen: 7. Der Nordwert ist damit 167. Die Koordinate lautet dann insgesamt SO379167. Bei einem Maßstab von 1:50.000 kann damit ein Punkt in der Landschaft auf 100 m genau angegeben werden.

Wer einen GPS-Empfänger mitnimmt, kann die Koordinaten schon zu Hause eingeben, muss aber dabei beachten, dass er "British Grid" einstellt.

Wegpunkt	**Koordinate**	**km**	**gesamt**
Sedbury Cliffs: Offa's Dyke-Stein	ST552928	0	0
Chepstow: Wye-Brücke A 48	ST541942	2,9	2,9
Brockweir: Routengabelung	SO546013	9,8	12,7
Bigsweir: Bushaltestelle	SO540051	5,2	17,9
Lower Redbrook: A 466	SO537097	4,2	22,1
Monmouth: Monnow-Brücke	SO504125	6,8	28,9
Llantilio Crossenny: The Hostry Inn	SO396147	13,8	42,7
White Castle	SO379167	3,4	46,1
Pandy: Lancaster Arms	SO333218	8,9	55,0
Hatterhall: Weg nach Longtown	SO307270	7,2	62,2
Pen-y-Beacon (Hay Bluff)	SO244366	13,8	76,0
Hay-on-Wye: Wye-Brücke	SO228426	7,0	83,0
Newchurch: Kirche	SO216507	10,5	93,5
Gladestry: Royal Oak Inn	SO232551	6,0	99,5
Kington: Kirche	SO291567	7,2	106,7
Dolley Green	SO283655	12,7	119,4
Knighton: Offa's Dyke Centre	SO285725	9,0	128,4
Lower Sproad: B 4368 (Newcastle)	SO257821	11,8	140,2
Churchtown: Kirche	SO264873	6,1	146,3
Brompton Crossroads	SO250932	6,4	152,7

Kingswood: A 490/B 4388	SJ238020	10,0	162,7
Buttington Bridge	SJ247089	9,8	172,5
Pool Quay: Schleuse	SJ256116	3,2	175,7
Four Crosses: Golden Lion	SJ269187	9,0	184,7
Llanymynech: Kanalbrücke	SJ266210	4,5	189,2
Trefonen: Post	SJ258266	9,5	198,7
Chirk Mill	SJ264377	12,9	211,6
Froncysyllte: Ziehbrücke	SJ271413	6,8	218,4
Dinas Bran	SJ223431	5,8	224,2
Worlds End	SJ233478	6,0	230,2
Llandegla: Crown Inn	SJ196524	6,4	236,6
Clwyd Gate Inn	SJ164582	9,8	246,4
Moel Fammau: Jubilee Tower	SJ161626	6,6	253,0
Bodfari: Downing Arms	SJ098702	12,1	265,1
Rhuallt: Smithy Arms	SJ075751	7,0	272,1
Prestatyn: Offa's Dyke-Stein	SJ061837	12,2	284,3

Planung und Vorbereitung

Eine gute Langstreckenwanderung steht und fällt mit der Planung und Vorbereitung. Das bedeutet, dass Sie sich möglichst frühzeitig Gedanken zu Ihrer körperlichen Fitness, zu Kleidung und Ausrüstung und zur Art der Unterkunft machen.

📖 Wildniswandern - Planen - Ausrüsten - Durchführen von Reinhard Kummer, Basiswissen für draußen OutdoorHandbuch Band 7, Conrad Stein Verlag, ISBN 978-3-89392-307-6, 6,90 €.

Ausrüstung

Sparen Sie nicht an der Ausrüstung. An einem billigen Rucksack oder schlecht sitzenden Schuhen kann die gesamte Wanderung scheitern.

Imprägnieren Sie Rucksack, Schuhe und Jacke, vielleicht nehmen Sie auch zusätzlich eine Regenschutzhülle für den Rucksack mit. Sachen, die nicht nass werden dürfen, sind gut in einem kleinen Plastikbeutel aufgehoben. Beim Packen achten Sie darauf, schwere Sachen möglichst weit oben und möglichst nah am Körper zu verstauen. Ihr Rücken wird es Ihnen danken. Sachen, die häufig gebraucht werden, passen in die Außentaschen oder direkt unter die Deckelklappe.

Achten Sie darauf, den Rucksack möglichst leicht zu halten. Das gilt besonders für diejenigen, die zelten wollen. Es gilt, das Gepäck fast 300 km über Stock und Stein zu schleppen. Unbedingt zu Hause probepacken, auswiegen (allein bei Unterwäsche gibt es verblüffende Gewichtsunterschiede), auf eine Trainingswanderung mitnehmen und gnadenlos ausmisten. Für eine 14-Tage-Wanderung muss keine 800-ml-Familienflasche Shampoo durch halb Großbritannien getragen werden. 10 kg sollte die Obergrenze für den Rucksack sein, die Tagesration Essen und mindestens 2 l Getränk eingeschlossen. Alles andere ist Schinderei.

Ferner können Sie das tägliche Rucksackgewicht reduzieren, indem Sie von einem der Angebote zur **Gepäckbeförderung** Gebrauch machen und nur mit dem Tagesrucksack laufen.

Überflüssige Ausrüstung, gesammelte Prospekte, volle Filme und Andenken schicken Sie vom nächsten Postamt nach Hause. Schöner Nebeneffekt: Bei Ihrer Rückkehr finden Sie nicht nur Rechnungen und Mahnungen in der Post.

Pause auf der Hatterhall Ridge

Ausrüstung

- ▷ Rucksack mit Innengestell und verstellbaren Gurten für Schultern, Hüfte und Rücken (Schultergurte und Hüftgurt müssen gut gepolstert sein)
- ▷ dieses Buch
- ▷ Fotoapparat + Filme, bzw. Ersatzchip + Batterien
- ▷ Thermosflasche + Tasse (bruchsicher)
- ▷ Taschenmesser
- ▷ Kompass
- ▷ Streichhölzer
- ▷ Trillerpfeife (für Notsignale)
- ▷ Nähzeug
- ▷ große Sicherheitsnadeln (damit werden z.B. Handtücher und Kleidung am Rucksack zum Trocknen aufgehängt)

Kleidung

- ▷ Wanderschuhe (Sohle mit kräftigem Profil, die Knöchel müssen fest umschlossen sein)
- ▷ Socken
- ▷ Wanderhosen
- ▷ Fleecepullover
- ▷ Wetterfester Anorak oder Regenjacke (sollte nicht nur kurze Schauer, sondern auch einen zweistündigen Landregen aushalten!) - besser noch: Kraxenponcho (schützt den Rucksack gleich mit)
- ▷ Unterhosen
- ▷ T-Shirts
- ▷ Badeanzug/Badehose
- ▷ Sonnenhut (in einem brüllendheißen Sommer wie 2006 überlebenswichtig)

Körperpflege

- ▷ Kulturbeutel inkl. Lippenpflege
- ▷ Sonnenbrille
- ▷ Handtuch
- ▷ Feuchttücher

Erste Hilfe

- ▷ Blasenpflaster
- ▷ Schmerztabletten
- ▷ Sonnenschutzmittel
- ▷ Insektenschutz (Allergiker: Calcium nicht vergessen)
- ▷ Pflasterstreifen
- ▷ Wundschnellverband
- ▷ Rettungsdecke
- ▷ elastische Binde
- ▷ Verbandpäckchen
- ▷ Schutzhandschuhe
- ▷ Dreieckstücher
- ▷ persönliche Medikamente

Sonstiges

- ▷ Geldbörse
- ▷ Papiere (Personalausweis, Studentenausweis, Autofahrer: Führerschein, Fahrzeugschein, grüne Versicherungskarte, etc.)
- ▷ Reiseunterlagen, Tickets

Außerdem je nach Interesse/Bedarf/Tragkraft:

- ▷ Zeltausstattung (Leichtgewichtszelt, Schlafsack, Isomatte)
- ▷ Kocher, Geschirr, Besteck, Schwamm
- ▷ für Cracks: Wandersandalen für ebene Streckenabschnitte
- ▷ Regenüberhose
- ▷ Kontaktlinsenzubehör
- ▷ Reservebrille
- ▷ Jugendherbergsausweis
- ▷ Scheckkarte, Kreditkarte, Postsparkarte
- ▷ Taschenwörterbuch
- ▷ Pflanzenbestimmungsbuch
- ▷ Höhenmesser
- ▷ Schrittzähler
- ▷ Handy + Ladegerät + Adapter
- ▷ Rucksackthermometer

- ▷ GPS + Ladegerät + Ersatzbatterien
- ▷ Fernglas
- ▷ Kartenmesser
- ▷ Teleskopwanderstöcke (besonders bei schwachen Kniegelenken)
- ▷ "Saufsack" = Wasserbeutel mit Schlauch, aus dem getrunken werden kann, ohne den Rucksack abzunehmen

Körperliche Voraussetzungen

Der Offa's Dyke Path stellt keine besonderen Anforderungen an Kondition und Fähigkeiten des Wanderers. Sie sollten fit genug sein, eine Tagesetappe von bis zu 30 km auch bei widrigen Wetterbedingungen und mit Gepäck zu bewältigen. Das allein bedeutet für Schreibtischmenschen etliche Trainingswanderungen. Besonders die Knie- und Fußgelenke werden durch eine Langstreckenwanderung belastet. Außerdem ist der gesamte Haltungsapparat betroffen, in einigen Hangstücken sind schwache Bänder durch das schräge Auftreten gefährdet. Kletterpassagen sind für die Wanderung nicht vorgesehen, ein Mindestmaß an Schwindelfreiheit und Trittsicherheit sollten Sie aber für die Etappen durch die Black Mountains, am Worlds End und durch die Clwydian Range mitbringen.

Übernehmen Sie sich nicht unnötig, die Wanderung soll ja Ihrer Erholung dienen. Fast jede Etappe lässt sich teilen. Und legen Sie ausreichend Pausen ein. Testen Sie in den ersten Tagen, ob Ihnen eher Berg- oder eher Tal-Pausen liegen. Wenn Sie auf der Höhe rasten, sind Sie verschwitzt und können an ungeschützten Plätzen schnell auskühlen. Aber Sie haben einen guten Überblick über die bevorstehende Strecke. Nach einer Pause im Tal werden Sie Anlaufschwierigkeiten am nächsten Hang haben. Also reine Geschmacksache.

Organisierte Wanderungen

Die meisten Wanderer laufen den Offa's Dyke Path ohne fremde Hilfe ab. Wer rundum umsorgt werden möchte, kann die Pauschalangebote britischer Anbieter nutzen:

▷ **Acorn Activities** bietet 14 Wandertage à 19 km und 15 Übernachtungen mit Frühstück, Lunchpaket, Abendessen, Streckenbeschreibung (engl.),

Wanderkarte und Gepäcktransfer für £ 865. Für Teilstrecken gelten reduzierte Preise, Einzelzimmerzuschlag £ 15 pro Nacht.

- Acorn Activities, PO Box 120, Hereford, England HR4 8YB, ☎ 01432/830083, FAX 01432/830110, www.acornactivities.co.uk, info@acornactivities.co.uk

▷ **Byways Breaks** richtet sich hinsichtlich Streckenlänge, gewünschten Mahlzeiten und Zahl der Ruhetage ganz nach den Wünschen seiner Kunden und macht ein maßgeschneidertes Angebot für Übernachtung, Verpflegung, Gepäcktransfer, Notfallbetreuung und Infomaterial.

- Byways Breaks, 25 Mayville Road, Liverpool L18 0HG, ☎ 0151/7228050, www.byways-breaks.co.uk, Carolyn@byways-breaks.co.uk

▷ **Celtic Trails** bietet Gepäcktransfer, Wanderkarte und Übernachtung für alle Fernwanderwege in Wales an. 12 Tage/13 Nächte kosten £ 547 (ÜF) £ 945 (Vollverpflegung).

- Celtic Trails, PO Box 11, Chepstow, Monmouthshire NP16 6ZD, ☎ 01291/689774, FAX 679846, www.celtrail.com, info@celtrail.com

▷ **Contours Walking Holidays** bietet einen Organisationsservice mit Gepäcktransport, B&B, Karten, engl. Guidebook und Notfall-Hilfe, die Kosten sind abhängig von der Zahl der Übernachtungen (13 Übernachtungen £ 655 bis 17 Übernachtungen £ 850).

- Contours Walking Holidays, Smithy House, Stainton, Cumbria, CA11 0ES, ☎ 01768/867539, FAX 01768/892171, www.contours.co.uk, info@contours.co.uk

▷ **Footpath Holidays** bietet jährlich je eine geführte Wanderung in drei Abschnitten mit 5 bis 6 Wandertagen à 15-24 km an.
Übernachtet wird in Abergavenny, Montgomery und Llangollen in selbst gesuchten Quartieren, für Führung und Transport zum/vom Path zahlt man je Abschnitt £ 185-220.

- Footpath Holidays, 16 Norton Bavant, Warminster, Wiltshire BA12 7BB, ☎ 01985/840049, FAX 01985/840853, www.footpath-holidays.com, footpath.holidays@dmac.co.uk

Klima

Machen Sie sich auf das berühmte britische Wetter gefasst. Zu jeder Jahreszeit müssen Sie mit Wind, Regen und Matsch rechnen. Es regnet zwar im Jahresdurchschnitt nicht mehr als anderswo in Mitteleuropa, das Seeklima der Insel bringt aber raschere Wetteränderungen mit sich als in Kontinentaleuropa.

Die Waliser trösten ihre Gäste stets mit den Worten: "Wenn Ihnen unser Wetter nicht gefällt, warten Sie eine halbe Stunde. Dann hat es sich bereits geändert!"

Relativ wenige Menschen planen eine Wanderung entlang des Offa's Dyke Path für die Wintermonate. Das Wetter ist schlechter, die Tage sind kürzer. Ab Oktober muss mit Nachtfrost gerechnet werden, mit Schnee im Januar und Februar. Bei einer Wintertour sollten Sie deshalb kürzere Tagesetappen einplanen.

Die übliche Wanderzeit liegt zwischen Mai und September, wobei die warmen Monate Juni bis August die beliebtesten sind.

In normalen (!) Sommern liegen die Höchsttemperaturen bei etwa 20°C, können an einzelnen Tagen und in geschützten Lagen aber auch auf 25-30°C

Blühende Idylle bei Monmouth im Juli

klettern. Mit viel Pech kann es aber auch drei Wochen unerträglich heiß werden, wie im Sommer 2006, so dass das Laufen in den Mittagsstunden an die Sahara erinnert und extrem anstrengend wird. Obwohl die Strecke (außer um den Moel Fammau herum) nie richtig belebt ist, sind Wanderungen im Frühling und Herbst ruhiger und erholsamer, vielleicht auch, weil in etwas kühlerem Wetter das Laufen leichter fällt als in brütender Hitze.

Karten

Der Offa's Dyke Path ist gut markiert. Kombiniert mit den Übersichtskarten und den Erläuterungen zur Wegstrecke werden Sie Ihren Weg problemlos finden.

Eine kleine Erleichterung ist die Wanderkarte von Harvey mit Plastikhülle im Maßstab 1:40.000. Die Kartenausschnitte sind so gewählt, dass man mit zwei Karten die gesamte Strecke abdeckt. ISBN 978-1-85137-451-9 (ODP North) und ISBN 978-1-85137-456-4 (ODP South), je 16,95 € bzw. £ 9,95.

Wer darüber hinaus an Kartenmaterial interessiert ist, sollte sich vor Ort die Publikationen des staatlichen britischen Vermessungsamtes Ordnance Survey (OS) im Maßstab 1:25.000 und 1:50.000 kaufen. Sieben Blätter der OS Landranger Serie (1:50.000) decken die Wanderstrecke ab:

Nr	Name	Etappe
162	Gloucester & Forest of Dean	1, 2
161	Abergavenny & Black Mountains	2, 3
148	Presteigne & Hay-on-Wye	4, 5
137	Ludlow & Church Stretton	6, 7
126	Shrewsbury & Oswestry	8, 9, 10
117	Chester & Wrexham	10, 11
116	Denbigh & Colwyn Bay	11, 12

Bahnverbindung

Wer sein Auto am Startpunkt stehen gelassen hat, kommt leicht per Bahn dorthin zurück. Über Birmingham oder Crewe legen Sie auf der Schiene die Entfernung in 3 bis 5 Std zurück, für die Sie zu Fuß fast zwei Wochen benötigt haben.

Reise-Infos von A bis Z

Etappe 1-Abstieg nach Monmouth

Anreise

Auto

Zur Anreise nach Wales werden Führerschein, Fahrzeugschein und grüne Versicherungskarte benötigt. Ferner ist eine gewöhnliche Autokarte sinnvoll, ADAC-Mitgliedern wird die Reisekarte aus dem Tour-Set© im Maßstab 1:800.000 meist schon genügen. Die Frontscheinwerfer von links gelenkten Fahrzeugen sind so abzukleben, dass sie den Gegenverkehr nicht blenden können. Den Ärmelkanal oder die Nordsee können Autofahrer mit Fähren über- und mit der Bahn im Eurotunnel unterqueren. Die British Tourist Authority, der ADAC und alle Reisebüros haben jeweils eine jährlich aktualisierte Übersicht zu Anbietern, Strecken, Frequenz und Preisen.

Eurotunnel und Fähre lassen sich auch bequem ohne Reisebüro buchen.

♦ Eurotunnel Service Relations Clients, B.P. 69, F-62904 Coquelles Cédex, ☏ in D 0180/5000248, 💻 www.eurotunnel.co.uk, ✉ customer.relations@eurotunnel.com

Bei Autobahn-Anreise bitte beachten: Die Severnbridge ist von England kommend eine Mautbrücke. Fällig werden £ 4,90 für PKW, £ 9,80 für Gespanne, £ 14,90 für LKW.

Im Vereinigten Königreich ist der Linksverkehr zu beachten. Daran gewöhnt man sich schnell. Zu einer längeren Probefahrt auf einsamen Straßen mit hellwachem Beifahrer rate ich dennoch. Tempolimit innerorts 48 km/h, außerorts 96 km/h, auf Autobahnen 112 km/h. Für Motorräder besteht Helmpflicht, in PKW Anschnallpflicht auf allen Sitzen, für Kinder werden altersgerechte Rückhaltesysteme benötigt. Die Blutalkoholgrenze liegt bei 0,8 o/oo, das Telefonieren ist nur mit Freisprecheinrichtung erlaubt. Ist die Vorfahrt nicht geregelt, gilt keine (!) rechts-vor-links Regel o.Ä., hier müssen sich die Verkehrsteilnehmer untereinander verständigen. Straßen ohne Vorfahrtberechtigung sind durch Schilder oder quer zur Fahrtrichtung verlaufende Linien gekennzeichnet: Stoppen bei doppelter Linie und STOP-Schild, langsam heranfahren und Vorfahrt beachten bei doppelter unterbrochener Linie und GIVE-WAY-Schild. Bei einspurigen Straßen fährt derjenige zurück, der gerade an einer Ausweichbucht vorbeigekommen ist oder das wendigere Fahrzeug hat. Die gelben (selten: roten) Linien am Straßenrand geben Auskunft zum Parken: Eine Linie bedeutet Parkverbot, zwei Linien kennzeichnen Halteverbote. Außerdem gilt Halteverbot auf Straßen mit einer doppelten Mittellinie. All diese Linien sollte man ernst nehmen, wenn man nicht in den unverhofften Besitz einer Parkkralle kommen will. Details zu den Verkehrsregeln unter 💻 www.highwaycode.gov.uk

Bahn

Am Start in Chepstow und am Ziel in Prestatyn haben Sie Bahnanschluss, ebenso unterwegs in Knighton, Chirk und Ruabon (bei Llangollen). Die Bahnhöfe entlang der Wanderroute erreichen Sie von London mit ein bis zwei-mal Umsteigen.

- 🚆 Chepstow: London Paddington über Newport oder Gloucester, stündlich.
- ♦ Knighton: London Euston über Birmingham/Shrewsbury, 4x täglich.
- ♦ Welshpool: London Euston über Shrewsbury/Birmingham, alle 2 Std.
- ♦ Chirk und Ruabon (bei Llangollen): London Euston über Birmingham oder Chester, stündlich.
- ♦ Prestatyn: London Euston über Chester, zweimal stündlich.

Bei rechtzeitiger Buchung kostet das Eurostar-London-Ticket für Hin- und Rückfahrt Köln-London ab € 129. Ohne diesen Sondertarif lohnt sich Bahnfahren finanziell nicht, die Preise liegen oft über den preiswertesten Flügen. Details gibt es bei der Fahrplanauskunft der Deutschen Bahn AG, ☏ 01805/996633 (Verbindungen und Preise), 💻 www.bahn.de (Verbindungen und Online-Buchung). Für die Verbindungen nach/von Chepstow oder Prestatyn sind je etwa € 80 zusätzlich einzuplanen.

BritRail bietet für Urlauber verschiedene Sondertarife an, die nur außerhalb von Großbritannien verkauft werden. Beim zu Hause gekauften Tourist Return Ticket zahlen Sie oft erheblich weniger als am Bahnhof vor Ort und können die Fahrt beliebig oft unterbrechen. Mit dem BritRail-Flexi-Pass können Sie auf dem gesamten Bahnnetz Großbritanniens innerhalb eines Monats an 2, 3, 4, 8 oder 15 frei wählbaren Tagen (€ 120/169/200/291/420) reisen. Verkauf und Beratung in Reisebüros mit Bahnagentur und bei

- ♦ BritRail c/o Rail Europe Deutschland, Lindenstraße 5, 60325 Frankfurt, ☏ 069/97584646, FAX 069/97584625, 💻 www.britaindirect.com, ✉ info-britrail@raileurope.de

Bus

Die billigste und mit 12 bis 24 Std. Fahrzeit anstrengendste Möglichkeit, nach Wales zu kommen, ist der Fernbus.

Aus den meisten großen Städten und von allen Standorten der britischen Rheinarmee gibt es ab € 70 retour mehrmals wöchentlich (ab Hamburg, Bremen, Köln und Aachen im Sommer sogar täglich) Verbindungen nach London.

Nähere Informationen mit Fahrplanheft und Preisübersicht gibt die

- Deutsche Touring GmbH, Am Römerhof 17, 60468 Frankfurt am Main, ☏ 069/7903-501, www.deutsche-touring.de, service@deutsche-touring.com. Weitere Büros in Basel, Berlin, Bremen, Dortmund, Duisburg, Düsseldorf, Hamburg, Hannover, Karlsruhe, Kassel, Köln, Leipzig, Mannheim, München, Ulm und Wien.
- Details zu Fahrten der **Transline** (Rheinarmee-Standorte in Niedersachsen und NRW) gibt es auch direkt bei Transline Bus GmbH, Hansaring 26, 48268 Greven, ☏ 02571/50193, FAX 02571/50197.

Flug

Die Anreise per Flieger ist insbesondere durch die Billigflieger eine echte Alternative geworden.

Außerhalb der Hauptreisezeiten (Ferien, Wochenenden) machen auch die übrigen die Fluggesellschaften so günstige Angebote, dass die Bahnfahrt nicht preiswerter ist.

Einen Überblick über Flugpreise und -zeiten gibt Ihnen jedes (online-)Reisebüro. Details können Sie auch unmittelbar bei der Fluggesellschaft erfragen:

- Air Berlin, www.airberlin.com nach London Stansted und Manchester.
- easyJet, www.easyjet.com nach London Gatwick/Luton, Bristol, East Midlands und Liverpool.
- Germanwings, www.germanwings.com nach London Gatwick/Stansted und Birmingham.
- Lufthansa, www.lufthansa.com nach London Heathrow und City Airport, Birmingham, East Midlands, Liverpool und Manchester.
- Ryan Air, www.ryanair.com nach London Stansted und East Midlands.
- TUIfly, www.tuifly.com nach Birmingham und Manchester

Countryside Code und Public Right of Way

Countryside Code

"Hinterlasse nichts als Fußspuren und nehme nichts mit als Erinnerungen": Naturschutzorganisationen und Wandervereine haben im **Countryside Code** allgemeine Grundregeln aufgestellt, damit der Schaden, den Wanderer anrichten, möglichst gering bleibt:

▷ **Genießen Sie die Landschaft** und respektieren Sie die Lebensformen und die landwirtschaftliche Arbeit.

▷ **Hinterlassen Sie Tore und Gatter so, wie Sie sie vorfinden.** Wenn Sie ein geschlossenes Tor offen stehen lassen, könnte das Vieh weglaufen. Ein Bauer, der ein Tor absichtlich für die Rückfahrt offen gelassen hat, wird unnötig an der Weiterfahrt gehindert.

▷ **Bleiben Sie auf den ausgetretenen Wegen**, nehmen Sie keine Abkürzungen quer durch ein Feld.

▷ **Benutzen Sie Tore und** *Stiles*, um Zäune, Hecken und Mauern zu überwinden. Das deutsche Wort für *stile* ist wohl "Zauntritt", gemeint ist eine leiterartige Konstruktion, auf der man über einen Zaun, eine Mauer oder eine Hecke klettern kann. Sie haben 617 davon vor sich, ein anstrengendes Unterfangen! "*Kissing gates*" sind spezielle Tore, die durch die Schwerkraft zufallen und von Menschenhand zwischen zwei Anschlägen hin- und hergeschoben werden können, während sie für Tiere ein Hindernis darstellen. Vorschlag: Wenn Sie mit einem lieben Menschen unterwegs sind, nehmen Sie jedes *kissing gate* als Aufforderung zum Küssen (besonders an den Tagen, an denen Sie den anderen verfluchen, weil diese 14-tägige Wanderung eine blöde Schnapsidee ist und Sie Ihre schmerzenden Füße allein auf dessen Konto verbuchen!).

🕮 Sex - Vorbereitung - Technik - Varianten von Dr. Robert Rose und Buck Tilton, Basiswissen für draußen OutdoorHandbuch Band 16, Conrad Stein Verlag, ISBN 978-3-89392-316-8, 6,90 €

▷ **Lassen Sie Vieh, Ernte und Feldmaschinen in Ruhe.** Wenn Sie ruhig vorangehen und beruhigend auf (sich selbst und) das Vieh einreden, werden Sie jede Weide mit Pferden, Schafen, Kühen und Jungbullen ohne Blessuren überqueren können. Am späten Nachmittag müssen Sie bei Kühen eventuell sogar handgreiflich (sanft beiseite schieben) werden, wenn diese dicht gedrängt vor genau dem Gatter auf den Bauern warten, durch das Sie auch wollen.

- **Nehmen Sie Ihren Müll mit.**
- **Verschmutzen Sie kein Wasser.** Das heißt z.B. auch, mindestens 10 m Abstand zu Gewässern zu halten, wenn Sie ein Bächlein machen.

📖 How to Shit in the Woods – wie man in den Wald sch..., Basiswissen für Draußen OutdoorHandbuch Band 103, Conrad Stein Verlag, ISBN 978-3-86686-103-9, 7,90 €.

- **Schützen Sie wilde Tiere, Pflanzen und Bäume.**
- **Gehen Sie sorgfältig mit der Natur um**. Entzünden Sie kein Feuer. Auf der Strecke ist kaum eine Situation vorstellbar, in der das Feuermachen unumgänglich ist. Notsignale werden Sie mit Ihrem Handy, Taschenlampen, Trillerpfeifen oder Handspiegeln abgeben.
- **Machen Sie keinen unnötigen Lärm.**

Weitere Infos unter 💻 www.ccw.gov.uk in Englisch und Walisisch.

Public Right of Way

Der *Rights of Way Act* von 1990 räumt jedermann ein Wegerecht ein. Unterschieden wird zwischen reinen Fußwegen (*public footpath*, gelber Pfeil), Reitwegen (*bridleway*, für Wanderer, Radfahrer und Reiter, blauer Pfeil), Seitenwegen (*byway*, meist frühere Straßen, auch Kfz erlaubt, roter Pfeil) und öffentlichen Straßen (*public roads*, alle Verkehrsmittel). Viele Fußwege führen über Privatgrundstücke. Das *Public Right of Way* erlaubt das Wandern und Joggen und das Mitnehmen von Kinderwagen, Buggy und Rollstuhl (sofern praktikabel). Hunde müssen angeleint sein oder zumindest jederzeit unter Kontrolle gehalten werden können. Ist der Weg offensichtlich unzulässig versperrt (also nicht bei vorübergehenden Sperrungen wegen Bauarbeiten), dürfen Sie das Hindernis auf einer Abkürzung umgehen oder vorsichtig beiseiteräumen, um es passieren zu können. Die meisten Grundstückseigentümer haben auch gar nichts gegen gelegentliche Wanderer, solange diese sich an den *Countryside Code* halten und nicht die ganze Ernte platt trampeln. Mit dem weißen Pfeil sind Wege markiert, die nicht unter das Right of Way fallen, bei denen aber der Eigentümer Wanderern den Zutritt erlaubt (*Permissive Path*). Nähere Infos gibt es unter 🖳 www.countrysideaccess.gov.uk (engl.).

Diplomatische Vertretungen

in Großbritannien:

- German Embassy, 23 Belgrave Square, London SW1X 8 PZ, ☎ 020/7824-1300, FAX 020/7824-1495, 🖳 www.london.diplo.de
- Austrian Embassy, 18 Belgrave Mews West, London SW1X 8HU, ☎ 020/7344-3250, FAX 020/7344-0292, 🖳 www.bmaa.gv.at/london
- Embassy of Switzerland, 16-18 Montagu Place, London W1H 2BQ, ☎ 020/7616-6000, FAX 020/7724-7001, 🖳 www.swissembassy.org.uk

in Deutschland:

- Britische Botschaft, Unter den Linden 32/34, 10117 Berlin, ☎ 030/201840, FAX 030/20184159. Unter 🖳 www.britischebotschaft.de mit Anschriften, ☎ und FAX und Öffnungszeiten auch der Generalkonsulate in Düsseldorf und München.
- Generalkonsulat, Yorckstraße 19, 40476 Düsseldorf, ☎ 0211/94480, FAX 0211/488190 (Pass), FAX 0211/486603 (Visa), ✉ visa.section@duesseldorf.mail.fco.gov.uk (zuständig für alle Pass- und Visa-Angelegenheiten).

in Österreich:

- Botschaft, Jaurèsgasse 12, 1030 Wien ☎ 01/71613-5151, FAX 01/71613-5900, 🖳 www.britishembassy.at, ✉ visa-consular@britishembassy.at

in der Schweiz:

- Botschaft, Thunstraße 50, 3005 Bern, ☎ 031/359-7700, FAX 031/359-7701. Anschrift, ☎ und FAX und Öffnungszeiten auch des Generalkonsulats in Genf finden Sie unter 🖳 www.britishembassy.ch, ✉ info@britishembassy.ch

Einkaufen

Der Offa's Dyke Path führt zwar durch reizvolle, fast menschenleere Landschaft, Geschäfte, Restaurants und Pubs liegen dennoch dicht genug, um eine gute Versorgung sicherzustellen.

Unmittelbar am Weg liegen die Orte Chepstow, Monmouth, Hay-on-Wye, Kington, Knighton und Prestatyn.

In der Nordhälfte des Offa's Dyke Path können die Vorräte mit kleinen Umwegen in Montgomery, Welshpool, Oswestry, Chirk und Llangollen aufgefüllt werden.

Gewöhnlich können Sie etwa zwischen 9:00 und 18:00 einkaufen. Die großen Supermärkte und alle SPAR-Filialen sind von 8:00 bis 20:00, manche sogar bis 23:00 geöffnet.

Am **"Early Closing Day"** schließen die Geschäfte schon mittags:

Dienstag:	Hay-on-Wye
Mittwoch:	Chepstow, Chirk, Clun, Kington, Knighton, Tinter

Chepstow Innenstadtbummel

Donnerstag:	Llangollen, Mold, Monmouth, Oswestry, Prestatyn, Ruthin, Welshpool
Samstag:	Montgomery

Die kleinen Marktstädtchen entlang des Offa's Dyke Path bieten bei **Wochen- und Viehmärkten** ein buntes Treiben:

Montag:	Monmouth (nur Viehmarkt), Welshpool
Dienstag:	Kington
Mittwoch:	Oswestry
Donnerstag:	Knighton, Hay-on-Wye
Freitag:	Monmouth, Montgomery
Samstag:	Monmouth, Oswestry
Sonntag:	Chepstow

Wasser erhalten Sie bei jedem Farmer, den Sie freundlich darum bitten. Außerdem an frei zugänglichen Wasserstellen:

Hill Farm zwischen Gladestry und Newchurch (SO232524),
Garbett Hall bei Selley Cross (SO264770)
und nördlich von Bryndrinog (SO257827).

Einreisebestimmungen

Schweizer und EU-Bürger können mit gültigem Personalausweis oder Reisepass nach Großbritannien einreisen. Ein Visum ist nicht erforderlich.

Für Auto und Motorrad werden die grüne Versicherungskarte und der Kfz-Schein benötigt, für den Fahrer reicht der nationale oder EU-Führerschein aus.

Auf der Insel ist nur eine Haftpflichtversicherung für Personenschäden vorgeschrieben. So wird nicht jeder Ihrer potenziellen Unfallgegner gegen Sachschäden versichert sein.

Für die Dauer Ihres Aufenthalts empfiehlt sich daher eine Vollkaskoversicherung.

Elektrizität, Maße und Gewichte

In Großbritannien beträgt die elektrische Spannung 240 V, deutsche Geräte laufen dabei einwandfrei. In Badezimmern gibt es manchmal Steckdosen für zweipolige Geräte, die aber nur für Rasierapparate zugelassen sind. Für alle übrigen Elektrogeräte müssen Sie sich in einem Baumarkt, Kaufhaus, Outdoorladen oder Elektrofachgeschäft einen Adapter kaufen, der einen dreipoligen Stecker hat. Sollte Ihr Gerät dennoch nicht funktionieren: Die meisten Steckdosen haben einen An/Aus-Schalter.

Das metrische System setzt sich auf der Insel nur sehr schwerfällig durch. Viele Werte werden weiterhin in den alten Maßeinheiten angegeben. Bestes Beispiel: Keiner sagt im Pub: "½ litre beer, please!", es wird bis ans Ende der Zeit "A pint, please!" heißen.

Längenmaße:

1 mile (m)=1,609 km
1 yard (yd)=91,4 cm
1 foot (ft)=30,5 cm
1 inch (in)=2,54 cm

Flächenmaße:

1 square mile=2,59 km^2
1 acre =4.047m^2
1 square foot=929 cm^2
1 square inch=6,45 cm^2

Hohlmaße:

1 gallon=4,55 l
1 quart=1,14 l (nur noch selten benutzt)
1 pint (pt)=0,568 l
1 fluid ounce (fl.oz)=28,4 ml

Gewichte:

1 stone (st)=6,35 kg
1 pound (lb)=454 g
1 ounce (oz)=28 g

Essen und Trinken

Die britische Küche ist nicht so schlecht wie ihr Ruf. Die Waliser zaubern Ihnen die leckersten Lammgerichte. Das Früchtebrot Bara Brith ist einmalig. Die süßen Cakes, Pies und Scones können sich ebenso sehen lassen wie die herzhaften Blätterteigspezialitäten der britischen Bäcker.

Ein Blick auf die Speisekarte:

Bara Brith: walisisches Früchtebrot

Cream Tea: Eine gemütliche Nachmittagsmahlzeit mit Tee und Scones mit Butter, Erdbeerkonfitüre und Schlagsahne.

Farmer's Pie: keine (!) Mürbeteigpastete, sondern ein ofengebackener Auflauf aus einer Lage Rinderhack und einer Lage Stampfkartoffeln.

Pie: gedeckte Mürbeteigpastete. Süß als Apple Pie (mit Äpfeln) oder Blackcurrant Pie (mit schwarzen Johannisbeeren), herzhaft als Steak & Kidney Pie (mit Rindfleisch und Nierchen), Mushroom Pie (mit Champignons) oder Steak & Ale Pie (mit Rindfleisch und Biersoße).

Ploughman's Lunch: dicke Scheibe Käse mit Weißbrot und Salat

Scone: dickes süßes Brötchen aus Mürbeteig, mit oder ohne Rosinen

Shepherd's Pie: Farmer's Pie mit Lammhack statt Rinderhack

Sweets: Nachtisch, Dessert. Mein Tipp: Hot Chocolate Fudge Cake (warme Schokotorte) und Sticky Toffee Pudding (in der Tat herrlich klebriger Karamellpudding). Oft mit cream (Sahne), clotted cream (geschlagener Sahne), ice cream (Vanilleeis) oder custard (Vanillesoße) angeboten.

Welsh Cake: ganz flaches Scone, in der ungefetteten Pfanne gebacken

Welsh Cream Tea: Cream Tea zusätzlich mit gebuttertem Bara Brith

Welsh Rarebit: (verwirrt Fremde oft als Welsh Rabbit) mit Käse überbackener Toast

In jedem größeren Ort finden Sie ein Baltirestaurant oder einen indischen Takeaway, bei denen Ihnen erlesene Curry-Gerichte serviert werden. Verschiedene Fleischsorten und Meeresbewohner werden nach Zubereitungsart sortiert angeboten.

Für Einsteiger empfehle ich Chicken Biryani oder Dopiaza, wer es scharf mag, wählt eine Madras-Variante.

Das britische Bier ist vielfältig. Die meisten Pubs bieten das süßere, milde Ale ebenso an wie das helle Exportbier Lager und das etwas herbere Bitter bis hin zu Stout, dem Starkbier aus schwarzem Malz.

Neben guten Importweinen (vor allem aus Neuseeland, Australien und Südafrika) wird heimischer Cider, Apfelwein, angeboten.

In Guesthouses und B&B werden Sie abends gefragt, ob Sie ein "full cooked breakfast" haben wollen. Wenn Sie mit "Yes!" antworten, sehen Sie sich am nächsten Morgen mit einem 3-Gänge-Frühstück konfrontiert, das auch hungrige Menschen bis zum späten Nachmittag sättigt.

Mit der Aufforderung "Help yourself to cereals!" werden Sie zur Anrichte mit Cornflakes, Müsli & Co geschickt. In der Zwischenzeit bereitet die Gastgeberin in der Küche "Bacon & Egg", Frühstücksspeck und Spiegelei vor.

Damit es auf dem Teller nicht so leer wirkt, werden diese Leckereien oft durch gebratene Würstchen, Tomaten und Champignons ergänzt, manchmal wird das Ei auf einer in der Pfanne mitgebratenen Toastscheibe serviert, vielleicht gibt es sogar ein Stück gebratene Blutwurst oder "Baked Beans", diese weißen Bohnen in Tomatentunke. Doch nicht genug: Im dritten Gang werden Ihnen Toast und Marmelade gereicht. Vorsicht: nur Zitrusfrüchte werden zu "Marmelade" verarbeitet, alle anderen zu "Jam".

Ich esse kein flüssiges Eigelb beim Spiegelei. Das zu bestellen ist mitunter ein Geduldsspiel, es gibt keinen einheitlichen Begriff dafür. Wenn Sie den gleichen Tick haben, versuchen Sie bei der Frühstücksbestellung das Ei "face down", "well done", "turned over", "flipped over", "both sides", "upside down", "sunny side down", "without any movement in it" oder gar "fried to death" zu bestellen. Wenn das alles nicht hilft, fordern Sie schlicht ein "Leatheregg"!

Feiertage

In England und Wales werden die auch hierzulande bekannten Feiertage Neujahr, Karfreitag, Ostermontag, 1. Mai, 1.+2. Weihnachtstag gefeiert.

Hinzu kommt der Spring Bank Holiday Ende Mai und der Summer Bank Holiday Ende August.

In Wales ist der 1. März Nationalfeiertag: St. David's Day.

Fotografieren

Die Strecke gibt brillante Motive für jede Spiegelreflexkamera her. Bedenken Sie aber, dass mit den erforderlichen Objektiven, Stativ, etc. schnell 4 bis 5 kg zusammenkommen, die bei jedem Schritt schwer auf die Schultern drücken Eine Kleinbild-Sucherkamera ist handlicher und bringt bei trockenem Wetter gute Ergebnisse. In Fotogeschäften und größeren Supermärkten können Sie auch Filme für APS-Kameras kaufen, allerdings keine Diafilme. Wenn Sie länger in einem Ort mit einem Drogeriemarkt Boots sind, bietet es sich an, Filme dort zur Entwicklung zu geben. Die von der tatsächlichen Bilderzahl unabhängigen Festpreise je Film liegen mitunter erheblich unter den heimischen Preisen. In den größeren Orten bieten Fotogeschäfte und Computerläden den Besitzern von Digitalkameras an, Fotos von allen gängigen Speichermedien auf CD zu brennen (DVD nur selten).

Geld

Das Pfund Sterling (£) und der Penny sind nicht im Verbund des Euro. Die Wechselkurse liegen bei etwa € 1 für £ 0,67, CHF1 für £ 0,42, also umgekehrt 1 £ für € 1,48 oder CHF 2,40. Nehmen Sie nur wenig Bargeld mit nach Großbritannien, in jedem größeren Ort gibt es **Geldautomaten**. Kreditkarten und Reiseschecks werden nur von größeren Hotels akzeptiert. In den Banken und Postämtern können Sie Bargeld und Reiseschecks wechseln. Wechselstuben sollten Sie nur im Notfall in Anspruch nehmen, dort werden vergleichsweise hohe Bearbeitungsgebühren berechnet.

Gepäckservice

Es ist nicht nötig, alles für die Übernachtung Benötigte den ganzen Tag zu tragen. Sehr viel komfortabler ist es, nur mit Tagesrucksack zu wandern und sein Gepäck in die nächste Unterkunft vorauszuschicken. Teilt man den Transportpreis durch mehrere Wanderer, ist es preiswert erkauftes Wandervergnügen, besonders für Camper.

In fast jedem größeren Ort gibt es Taxiunternehmen, die Ihr großes Gepäck zum nächsten Vermieter oder Campingplatz bringen. Auch die Anbieter von Pauschalarrangements lassen sich zu einem solchen Service überreden.

Gepäckservice bieten auch viele Vermieter an, oft sogar preiswerter als Taxiunternehmer. Je nach Strecke ist mit £10 bis 30 zu kalkulieren.

Hunde

Auch wenn Ihr Hund noch so gerne wandert und Sie auf der Strecke vielen einheimischen Wanderern mit Hund begegnen, sollten Sie überlegen, ob Sie ihm die vielen, vielen Stiles, die lange Anreise sowie die erforderlichen Untersuchungen und Behandlungen antun wollen.

Seit 2000 müssen Sie Ihren Vierbeiner nicht mehr unbedingt daheim lassen. Die bis dahin geltenden strengen **Quarantänevorschriften** wurden in einem Pilotprojekt zunächst für Hunde und Katzen aus konkret festgelegten Ländern gelockert.

Hunde und Katzen aus Deutschland, Österreich, der Schweiz und vielen anderen europäischen Staaten dürfen nach Großbritannien eingeführt werden.

Voraussetzungen sind der europäische Kleintierpass, die Implantation eines Mikrochips zur eindeutigen Identifizierung des Tieres, eine Tollwutimpfung, ein Bluttest in einem anerkannten Labor, Behandlungen gegen Zecken und Bandwürmer und ein amtliches Gesundheitszeugnis.

Hinzu kommt eine Wartezeit nach der Blutentnahme von sechs Monaten. Hierzu berät Sie Ihr Tierarzt.

Infos auch unter 💻 www.defra.gov.uk.

Diese Neuregelung wird peinlich genau eingehalten und Verstöße werden hart bestraft.

Bitte beachten Sie in diesem Zusammenhang, dass es in Großbritannien nach dem **Dangerous Dog Act** ungesetzlich ist, einen Pitbullterrier, Japanischen Tosa, Dogo Argentino oder Fila Brazileiro zu besitzen. Illegal eingeführte Tiere oder verbotene Kampfhunde werden meist sofort beschlagnahmt und eingeschläfert.

Bei der Anreise über Frankreich ist zu beachten, dass die Einreise mit Pitbullterriern und Hunden, die ihm ähnlich sehen, strikt verboten ist. Außerdem sind für Staffordshire Bullterrier, American Staffordshire Terrier, Tosas und Rottweiler kurze Leine und Maulkorb vorgeschrieben.

Nur wenige Stiles auf der Wegstrecke sind für Hunde passierbar. Meist müssen sie also von ihren Menschen hinübergetragen oder –hoben werden. Das kann auf Tagesetappen mit über 70 Stiles zu einer Belastung für Mensch und Tier werden.

Ansonsten genießen gesunde und an lange Laufstrecken gewöhnte Hunde die Wanderung mit ihren vielfältigen Landschaften und spannenden Gerüchen.

Auf allen Weiden und in den Naturschutzgebieten besteht Leinenpflicht.

Viele Vermieter heißen auch mitwandernde Hunde willkommen, allerdings stets nur nach vorheriger Vereinbarung und häufig nicht im Zimmer seiner Menschen.

📖 Trekking mit Hund, Basiswissen für draußen Outdoor Handbuch Band 143 Conrad Stein Verlag, ISBN 978-3-89392-543-8, 9,90 €

Pause für Mensch und Tier auf der Hatterhall Ridge

Information

Das **Britische Fremdenverkehrsamt VisitBritain** 💻 www.visitbritain.com hält aktuelle Informationen bereit.

♦ VisitBritain, Hackescher Markt 1, 10178 Berlin, ☏ 01801/468642 (Ortstarif), FAX 030/3157-1910, ✉ gb-info@visitbritain.org

Weitere nützliche Anschriften:

Das **Countryside Council for Wales** informiert über landschaftliche und ökologische Aspekte.

♦ Countryside Council for Wales, Plas Penrhos, Fford Penrhos, Bangor, Gwynedd, LL57 2LQ, ☏ 08451/306229, ✉ www.ccw.gov.uk

Beim **Wales Tourist Board** erhalten Sie konkretere Informationen über Wales als bei VisitBritain in Berlin.

♦ Wales Tourist Board, Brunel House, 2 Fitzalan Road, Cardiff CF2 1UY, ☏ 08708/300306, FAX 08701/211259, 💻 www.visitwales.co.uk, ✉ info@visitwales.co.uk

Gleiches gilt für das **Heart of England Tourist Board**, bezogen auf England.

♦ Heart of England Tourist Board, Woodside, Larkhill Road, Worcester WR5 2EZ, 💻 www.visitheartofengland.com.

Die **Offa's Dyke Association** ist der Ansprechpartner für Details zu Geschichte, Verlauf und aktuelle Besonderheiten (Umleitungen, ...) zum Offa's Dyke Path. Hier wird ehrenamtlich gearbeitet, daher zum Teil längere Bearbeitungszeiten.

♦ Offa's Dyke Association, West Street, Knighton, Powys, LD7 1EN, ☏ 01547/528753, 💻 www.offasdyke.demon.co.uk

Die **Ramblers Association** ist mit etwa 126.000 Mitgliedern in über 400 Ortsgruppen die größte Vereinigung von Wanderern und Naturliebhabern in Großbritannien. 1990 spielte die Ramblers Association eine Schlüsselrolle bei der Gesetzgebung zum *Rights of Way Act*, der die Wegerechte der Wanderer sichert und legitimiert. Auf Anforderung werden *Fact Sheets* über Geschichte und Struktur der Organisation, Wanderurlaub in Großbritannien und Langstreckenwanderwege zugeschickt.

- ♦ Ramblers Association, 3 Iard y Cowper, Ffordd Curran, Caerdydd/Cardiff CF10 5NB, ☏ 029/2064-4308, FAX 2064-5187, 💻 www.ramblers.org.uk, ✍ cerddwyr@ramblers.org.uk

Die **Long Distance Walkers' Association** hat über 7.000 Mitglieder, davon auch einige in Deutschland. Mitglieder erhalten dreimal jährlich das Journal *"Strider"* mit aktuellen Hinweisen zu Fernwanderwegen und Veranstaltungen.

- ♦ Long Distance Walkers' Association, 10 Temple Park Close, Leeds, LS15 0JJ, 💻 www.ldwa.org.uk, ✍ ldp@ldwa.org.uk

Infos zu Jugendherbergen, Öffnungszeiten, Preisen, etc. gibt die

- ♦ Youth Hostel Association (England & Wales), Trevelyan House, 8 St. Stephen's Hill, St. Albans, Herts AL1 2DY, ☏ 0870/7708868 (von UK), ☏ 01629/592700 (aus dem Ausland), FAX 0870/7706127 (UK), FAX 01629/592627 (Ausland), 💻 www.yha.org.uk, ✍ customerservices@yha.org.uk.

The National Trust for Places of Historic Interest or Natural Beauty gibt Informationen über die von ihm verwalteten und gepflegten Sehenswürdigkeiten, z.B. The Kymin bei Monmouth, Chirk Castle und Powis Castle.

- ♦ The National Trust for Places of Historic Interest or Natural Beauty, Dan-y-gyrn, Blaenglyn, Libanus, Brecon, Powys LD3 8NF, 💻 www.nationaltrust.org.uk, ✍ enquiries@thenationaltrust.org.uk

National Trails betreut allein in England und Wales 16 Fernwanderwege mit einer Gesamtlänge von über 4.000 km. Sie haben alle ein strenges Auswahlverfahren durchlaufen und garantieren vollen Laufgenuss bei wenig Straßenkilometern. Spezielle Infos zum Offa's Dyke Path unter

💻 www.nationaltrail.co.uk/OffasDyke/.

Der **CADW** (Welsh Historic Monuments) besitzt über ganz Wales verteilt die meisten Sehenswürdigkeiten. Auf der Strecke sind das z.B. Chepstow

Castle, Tintern Abbey, White Castle, Montgomery Castle und Vale Crucis Abbey. Wer viele Besichtigungen plant, sollte über eine Mitgliedschaft im CADW nachdenken. Beitrittsformulare gibt's an jeder CADW-Kasse und in vielen Touristeninformationen. Mit dem Jahresbeitrag von £ 32 (Sonderpreise für fast jeden: Kinder, Jugendliche, Paare, Familien, Senioren) sind alle Besichtigungen von CADW-Bauten bezahlt, ab dem zweiten Jahr auch bei den Schwesterorganisationen in Schottland und England.

♦ CADW, Welsh Assembly Government, Plas Carew, Unit 5/7 Cefn Coed, Parc Nantgarw, Cardiff CF15 7QQ, 💻 www.cadw.wales.gov.uk, ✉ cadw@wales.gsi.gov.uk

Im Internet sind außerdem unter 💻 www.castlewales.com und 💻 www.castles-of-britain.com Beschreibungen der Burgen zu finden.

Kinder

Der Offa's Dyke Path ist auch für Kinder machbar, die gut vorbereitet und ausgerüstet starten, Freude am Wandern haben und mit verantwortungsvollen Erwachsenen unterwegs sind. Ich habe unterwegs mehr als ein Kind getroffen, das sich mit den Tagesetappen übernommen hat und mit Eltern unterwegs war, die nur seine coole Fassade sahen und sich am Folgetag wunderten, dass gar nichts mehr ging. Mit wenig Gepäck und kürzeren Tagesetappen ist die Strecke für Mini-Trekker in gut drei Wochen zu bewältigen. Planen Sie die schwierigeren Strecken lieber für den Vormittag ein, wenn die Kinder noch frisch sind. Nur darf die Laune nicht sinken, dabei helfen Spiele, Singen und Geocaching. Dann ist selbst die Hatterhall Ridge zu meistern: Mit Abholung durch die Gastleute am Fuß des Hay Bluff und Jubelfest in Hay-on-Wye!

📖 Wandern mit Kind, Conrad Stein Verlag, ISBN 978-3-89392-315-1, € 6,90

Land und Leute

Die Landschaft im englisch-walisischen Grenzland ist so vielfältig wie die Menschen, die dort leben.

England und Wales machen gemeinsam den südlichen Teil der Insel Großbritannien aus. Zusammen mit Schottland und Nordirland bilden sie das Vereinigte Königreich Großbritannien und Nordirland.

Mit 20.766 km² ist Wales erheblich kleiner als England. Von den 2,8 Mio. Ew. leben allein 300.000 in Cardiff, anders ausgedrückt leben 140 Ew./km² in Wales. Dem stehen 373 Ew./km² in England gegenüber. **Snowdon** (Yr Wyddfa), der höchste Berg von Wales, überragt jede Stelle in England. Wales und das Grenzland sind geprägt durch die **Cambrian Mountains**. Dieser Höhenzug bildet gleichzeitig mit seinen östlichen Ausläufern die natürliche Grenze, die seit der Römerzeit das karge Bergland mit seinen Rauhweiden im Westen vom fruchtbaren Ackerland im Osten trennt.

Das gemäßigte Meeresklima bringt geringe Temperaturschwankungen (durchschnittlich 5,5°C im Januar und 16°C im Juli) mit sich. Die Jahresniederschlagsmenge liegt bei 900 bis 3.000 mm, je nach Höhenlage. Die Gebirge sind im Winter schneebedeckt.

Der Offa's Dyke Path führt durch den Nationalpark **"Brecon Beacons"**. Dieser ist neben dem **"Snowdonia Nationalpark"** im Bergland im Nordwesten von Wales und dem **"Pembrokeshire Coastal Nationalpark"** entlang der Südwestküste der dritte walisische Nationalpark. Daneben wurden landschaftlich schöne Gebiete als "**Area of Outstanding Natural Beauty**" geschützt. Davon werden auf der Wanderstrecke gleich drei durchquert: "Wye Valley" im Süden, "Shropshire Hills" nördlich von Knighton und "Clwydian Range" ganz im Norden.

Trotz der schönen Landschaft und der zahlreichen geschützten Gebiete scheint Großbritannien in Fragen Umweltschutz ein wenig rückständig. Mehrwegflaschen sind ebenso unbekannt wie Mülltrennung. Bei jedem Einkauf erhalten Sie weit mehr Plastiktüten, als Sie jemals für schmutzige Schuhe oder Abfall benötigen.

Außerhalb der Natur- und Landschaftsschutzgebiete beherrschen landwirtschaftliche Nutzflächen das Bild. Auf kargen Wiesen im Bergland weiden Schafe oder Kühe, in ebenen Lagen werden Getreide, Futtermais und Gemüse angebaut.

Vor 2.000 Jahren war Wales von **keltischen Stämmen** besiedelt. Im 1. Jh. wurde es von Agricola dem römischen Reich unterworfen, aber im Vergleich zu England kaum romanisiert. Vielmehr diente es seither meist als westliche

Schutzzone für das römische Verwaltungsgebiet in Großbritannien. Ab dem 5. Jh. bildeten sich kleinere Königreiche, die sich über ein ganzes Jahrtausend hinweg in Fehden und Grenzstreitigkeiten mit den Angeln, Sachsen und normannischen Eroberern schlugen.

Mit den ***Acts of Union*** von 1536 und 1542 wurde unter der Herrschaft des Tudorkönigs **Heinrich VIII.** die unbeschränkte Geltung des englischen Rechts auf Wales ausgedehnt. Die anglikanische *Church of Wales* löste sich zeitgleich zur *Church of England* von Rom. Während die Oberschicht sich schnell in Sprache und Kultur an England orientierte, behielten die Waliser der unteren Schichten ihre Sprache, ihre Musik und ihr walisisches Nationalbewusstsein bei.

Doch erst im 19. Jh. führten die separatistischen Bemühungen nach einer Reihe von lokalen Aufständen zu ersten Erfolgen, die im Laufe des 20. Jh. durch Zugeständnisse im kulturellen Sektor bis hin zur Anerkennung des Walisischen als zweite britische Amtssprache führten.

Tagsüber werden Sie vorwiegend älteren Menschen begegnen, die durchweg kontaktfreudig, weltoffen und an auswärtigen Wanderern interessiert sind. Sie werden aber nie das Gefühl haben, ausgehorcht zu werden, weil ihre Gesprächspartner schon bald Interessantes über sich selbst und ihr Land erzählen.

Junge Leute sind Unbekannten gegenüber mitunter etwas reserviert, wenn sie nicht gerade in Gastronomie oder Tourismus arbeiten. Sobald sie aber festgestellt haben, dass es sich nicht um ein typisches Exemplar des rechthaberischen, lauten Deutschen aus den Klischees der Fernsehfilme handelt, werden auch sie zu netten Gesprächspartnern und hilfreichen Scouts.

Die vielfach hochstilisierte Erbfeindschaft zwischen Engländern und Walisern ist im Grenzland kaum zu spüren. Einen gewissen Lokalpatriotismus merken Sie zwar, aber dieser bezieht sich eher auf den Wohnort als auf den Landesteil.

Bei Gesprächen mit Tiefgang ist ein gradueller Unterschied in der Einstellung zu dem zusammenrückenden Europa zu erkennen: Engländer ziehen häufig eine klare Abgrenzung von Europa vor, halten beharrlich an Pound, Pint, Mile und Linksverkehr fest und lehnen die Währungsunion rundheraus ab. Waliser hingegen verbinden mit einer größeren Nähe zu Europa die Hoffnung auf mehr Freiheiten und Minderheitenschutz. Vermeintlich abfällige

Äußerungen zwischen Walisern und Engländern entpuppen sich zumeist als ebensolche Neckereien wie zwischen Bayern und Preußen oder Kölnern und Düsseldorfern. Eine Schlägerei ist nicht zu befürchten, eher allgemeines Gelächter, wenn ein Waliser zum Thema Fußball sagt: "I support Wales - and everyone who wins against England!"

Briten verreisen wenig und selten ins Ausland. Wales gilt seit Jahrhunderten als beliebtes Ziel für Wochenendausflüge und Kurzreisen der Engländer. Hier braucht man sich nicht auf andere Sprachen, Kulturen oder Wetterlagen einzustellen. Die heimische Scholle hat einen hohen Stellenwert: Sie werden entlang der Wanderroute viele liebevoll gestaltete Häuser mit gepflegtem Garten sehen, bei denen Sie Schilder entdecken, auf denen der Eigenname des Hauses zu lesen ist.

Neben Weidewirtschaft und Ackerbau nimmt der Tourismus einen zunehmenden Anteil an den Erwerbsquellen der Bevölkerung ein. Zu den herkömmlichen Tätigkeiten in Beherbergungsbetrieben und Gastronomie kommen vermehrt animierte Freizeitangebote wie Rafting, Survivalwochenenden und geführte Wanderungen hinzu.

Literatur

Allgemeine Literatur zu Wales

- **Wales - The Lie of the Land** von Jeremy Moore und Nigel Jenkins, Gomer Press Verlag. Englischsprachiger Band mit kritischem Text und brillianten Fotos.
- Britta Schulze-Thulin: **Wales**, Reise Know-How Verlag, Bielefeld, ISBN 978-3-8317-1510-6, 19,90 €. Unter den aktuellen deutschsprachigen Reiseführern der mit dem größten Praxiswert für Erstbesucher und Stammgäste des kleinen Keltenlandes.
- Mit den **Cadfael**-Romanen von Ellis Peters, bei denen der in Wales gebürtige Mönch Cadfael im mittelalterlichen Shrewsbury und dem Grenzland mysteriöse Kriminalfälle löst, kann sich der Krimi-Fan auf sein Reiseziel einstimmen.
- George Borrow: **Wildes Wales**. Der Klassiker unter den Reiseberichten aus dem Jahr 1842 macht auch heute noch Lust auf eine Reise in dieses Land.

- Bruce Chatwin: **Auf dem schwarzen Berg**. Das zurückgezogene Leben der Zwillingsbrüder Lewis und Benjamin Jones auf dem elternlichen Bauernhof in Wales im Rhythmus der Jahreszeiten. Sehr dicht erzählt, geht unter die Haut.
- Christopher Monger: **Der Engländer, der auf einen Hügel stieg und von einem Berg herunterkam**. In dieser mit Hugh Grant verfilmten Komödie sind die Waliser augenzwinkernd und liebevoll, aber durchaus lebensnah gezeichnet.
- **Welsh Place Names** im John Jones Verlag erläutert Ortsnamen in Wales in englischer Sprache.
- **Roter Drache, grünes Tal** und **Märchen aus Wales** von Frederik Hetmann sowie **Das Sagenbuch der walisischen Kelten**: **Die Vier Zweige des Mabinogi** sind ein Überblick über die mystische Welt der Waliser.

Literatur zum Offa's Dyke Path und zu Sehenswürdigkeiten

- Tintern Abbey von David M. Robinson, Herausgegeben von CADW Welsh Historic Monuments, erhältlich im Kassenhäuschen. 60-seitiges Informationsheft zu Geschichte und Architektur der Ruine. Vergleichbare Hefte gibt es auch zu Chepstow Castle, White Castle und Montgomery Castle, bislang aber leider nur in Englisch.
- A Guide to Offa's Dyke Path von Christopher Wright, Constable Verlag, ist ein englischsprachiger Wanderführer mit vielen Details zu Städten und Sehenswürdigkeiten am und nahe dem Path.

OutdoorHandbücher aus dem Conrad Stein Verlag

- Wildniswandern - Planen - Ausrüsten - Durchführen von Reinhard Kummer, *Basiswissen für draußen* OutdoorHandbuch Band 7, ISBN 978-3-89392-307-6, € 6,90
- Karte - Kompass - GPS von Reinhard Kummer, *Basiswissen für draußen* OutdoorHandbuch Band 4, ISBN 978-3-89392-604-6, € 7,90
- Wetter von Michael Hodgson und Meeno Schrader, *Basiswissen für draußen* OutdoorHandbuch Band 13, ISBN 978-3-89392-313-7, € 6,90
- Trekking Ultraleicht von Stefan Dapprich, *Basiswissen für draußen* OutdoorHandbuch Band 184, ISBN 978-3-86686-184-8, € 9,90

Medizinische Versorgung

Entlang des Weges finden Sie Krankenhäuser, praktische Ärzte und Rettungsdienste in ausreichender Zahl und von zu Hause gewohnter Qualität. Der **National Health Service** bietet für EU-Bürger eine kostenlose Behandlung bei Unfällen und Akuterkrankungen, ein Auslandskrankenschein ist nicht nötig. Schon vor Beginn der Untersuchung sollten Sie jedoch klarstellen, dass Sie den National Health Service in Anspruch nehmen wollen. Wenn Sie trotzdem bei einem Privatarzt oder Zahnarzt vor Ort bezahlen müssen, lassen Sie sich eine Rechnung ausstellen, aus der eindeutig hervorgeht, welche Untersuchungen und Behandlungen vorgenommen wurden. Diese Rechnung reichen Sie nach der Reise bei Ihrer Krankenkasse ein und bitten um Erstattung. Arzneimittel müssen stets bar bezahlt werden, auch hier empfiehlt es sich, die Quittungen zu sammeln und der Krankenkasse vorzulegen.

Reisekrankenversicherung und/oder **Reiseunfallversicherung** sind auch innerhalb von Europa zweckmäßig, besonders im Hinblick auf den Rückholdienst bei schwereren Verletzungen und Erkrankungen fernab der Heimat. Diese Versicherungen werden von Ihrer Krankenversicherungsgesellschaft und in Reisebüros angeboten.

Menschen mit Behinderung

Hilfe und Beratung erhalten Menschen mit Behinderungen bei Holiday Care, Information Unit, 7th Floor Sunley House, 4 Bedford Park, Croydon, Surrey CR0 2AP, ☎ 0845/1249971, FAX 1249972, Nummer für Hörgeschädigte 1249976, 💻 www.holidaycare.org.uk.

Notruf

Notrufe können Sie unter der einheitlichen **Nummer ☎ 999** absetzen, es gibt nur eine Rufnummer für Polizei, Feuerwehr und Rettungsdienst.

Ist kein Telefon erreichbar, versuchen Sie durch Lichtsignale, Trillerpfeife oder lautes Rufen auf sich aufmerksam zu machen.

Post und Telefon

Die meisten Postämter sind Mo bis Fr 9:00 bis 17:30 und Sa 9:00 bis 12:30 geöffnet. Auch in Großbritannien werden die reinen Postämter durch Postagenturen in Schreibwaren- und Krämerläden ersetzt.

Postdienste werden leider häufig nicht während der gesamten Öffnungszeit des Ladens angeboten. Es gibt zwei Transportkategorien: First Class für Briefe, die den Adressat am nächsten Werktag erreichen müssen, beim preiswerteren Second Class ist der Brief meist am übernächsten Tag dort.

Das Porto für Postkarten und Standardbriefe bis 20 g kostet 32 bzw. 23 Pence. Bei schwereren Briefen lohnt es sich, nach Sondertarifen zu fragen.

Als Andenken gesammelte Prospekte kosten mit der "printed paper rate" weit weniger als mit Standardtarif.

Für Luftfracht wird kein Aufpreis verlangt, die erforderlichen kleinen blauen "Air Mail"-Aufkleber werden meist nur auf ausdrücklichen Wunsch herausgegeben.

Entlang des Offa's Dyke Path haben Mobiltelefone nahezu überall Empfang. Ihr Provider kann Ihnen eine detaillierte Karte zur Netzabdeckung geben und über die Kosten für das Telefonieren auf der Insel informieren. Fragen Sie nach "International Roaming".

Geben Sie für die wichtigsten Rufnummern schon daheim oder in Wartepausen bei der Anreise die Landeskennung (Deutschland: +49, Österreich: +43, Schweiz: +41) ein.

In allen Städten und Dörfern auf der Strecke gibt es öffentliche Telefonzellen. Für die meisten benötigen Sie Kleingeld, Kartentelefone sind selten. In den meisten Telefonzellen können Sie sich auch anrufen lassen.

Telefonzellen finden Sie an folgenden Koordinaten:

ST538946	Tutshill, 500 m östlich vom Weg
SO544055	Bigsweir Bridge, Richtung St. Briavels
SO433146	Onen (700 m nördlich von Llanfihangel Ystern Llewern)
SO369177	Caggle Street, B 4521
SO268652	Maes Trelow, 500 m westlich des Weges
SO231550	Gladestry
SO280697	Rhos y Meirch

SJ249088	Buttington, 150 m östlich des Weges
SJ260268	Trefonen, 300 m östlich des Weges
SJ075777	Marian Cwm

Für Anrufe ins Ausland lassen Sie die 0 der Ortsvorwahl weg und wählen stattdessen für Deutschland 0049, für Österreich 0043 und für die Schweiz 0041.

Sport

Das englisch-walisische Grenzland bietet dem Wanderer Gelegenheit zu einer Vielzahl von Sportarten. Auskunft gibt jede örtliche Tourist Information. Detaillierte Infos mit Adressen von Anbietern in Wales und Hintergründen sind in der jährlich aktualisierten Broschüre **"activity WALES"** zu finden.

♦ Die Broschüre gibt's über das Wales Tourist Board oder direkt bei Activity Wales Ltd., Holiday Information Centre, 2 Riverside Quay, Haverfordwest, Pembrokeshire SA61 2LJ, ☏ 01437/766888.

Golf, Paddeln, Schwimmen, Rafting, Bergsteigen, Mountain Biking und Pony Trekking dürften Ihnen bekannt sein. In Leisure Centres können Sie Badminton, Squash, Tennis, Tischtennis, Darts und Bowling spielen. Meist gibt es dort außerdem ein Schwimmbad, Sauna, Solarium und Fitnessraum.

Einen Versuch wert sind aber auch ungewöhnlichere Sportarten, die von vielen Activity Centres angeboten werden: Abseiling ist reines Abseilen an Felsen, ohne klettern zu müssen.

Unter Orienteering versteht man Wandern mit Karte und Kompass, abseits der Wege, zum Teil auf Zeit und damit im gestreckten Galopp über Stock und Stein.

Caving ist nichts für Menschen mit Platzangst! Mit Helm und Lampe laufen Sie einem Einheimischen hinterher, bis er plötzlich in einem Loch im Boden verschwindet. Und schon eröffnet sich für Stunden eine unbekannte Welt von Höhlen und Gangsystemen, durch die Sie laufen, krabbeln, waten, schwimmen oder sogar tauchen. Außerdem, aber eher als Zuschauersportart zu empfehlen, der walisische Nationalsport Rugby.

Sprache

In Wales stehen Walisisch und Englisch als gleichberechtigte Amtssprachen nebeneinander. Im Grenzland spricht jeder Waliser Englisch, meist sogar angenehm akzentfrei. Mit Ihrem Schulenglisch sollte sich während der Wanderung daher kein Verständigungsproblem ergeben.

📖 Oh, dieses Englisch! Fremdsprech Band 4 von Alice Pantermüller, Conrad Stein Verlag, ISBN 978-3-89392-404-2, € 4,90

Wie fast überall freuen sich die Einheimischen, wenn der wandernde Gast sich für ihre Sprache und Kultur interessiert. Prosten Sie in einem walisischen Pub dem Farmer neben sich mit "Iechyd da!" zu oder begrüßen Sie die B&B-Gastgeberin morgens mit "Bore da!" und Sie haben einen leichten Einstieg in ein Gespräch über den Offa's Dyke Path und jedes andere Thema (☞ kleiner Sprachführer).

Auch die meisten Berg- und Ortsbezeichnungen haben ihren Ursprung im Walisischen, der ältesten noch lebenden Kultursprache Europas, die unmittelbar auf das Keltische zurückgeht. Die Wortstämme sind seit fast 3.000 Jahren so wenig verändert worden, dass sich die Nachfahren der Kelten mit Kymrisch aus Cornwall, der Bretagne und Wales noch weitgehend verständigen können. Das in Schottland, Irland und auf der Isle of Man gesprochene Gälisch wurzelt zwar auch im Keltischen, hat sich aber weiter davon entfernt. Hier gibt es nur noch ähnliche Übereinstimmungen zum Walisischen wie etwa zwischen Deutsch und Niederländisch.

Unterkunft

Für Übernachtungsmöglichkeiten ist am Offa's Dyke Path gut gesorgt. Nur in den einsamen Regionen müssen Sie genauer planen.

✋ An Wochenenden und während Großveranstaltungen wie:

▷ **Hay-on-Wye**: The Hay-on-Wye Festival of Literature in der letzten Woche im Mai und der ersten Woche im Juni, genaue Daten auf der Webseite 💻 www.hay-on-wye.co.uk

▷ **Llangollen**: Llangollen International Musical Eisteddfod (erste vollständige Woche im Juli)

sollten Sie Ihre Unterkunft rechtzeitig im Voraus buchen. Ansonsten reicht es, am Vorabend oder morgens vor dem Start zu telefonieren. Natürlich können Sie auch auf gut Glück so weit gehen, wie Sie schaffen und dann Quartier suchen.

In den größeren Orten finden Sie Hotels und Guesthouses mit einfachem Standard für £ 30-40. In Luxushotels müssen £ 50 bis 100 einkalkuliert werden.

Preiswerter kommen Sie in **B&B-Häusern** unter, hier reichen oft £ 18 bis 22 pro Person und Nacht.

"Bed and Breakfast (B&B)" ist mehr als nur ein Bett mit Frühstück. Sie wohnen für wenig Geld in einem privaten Haus und haben so einen viel engeren Kontakt zu den Einheimischen. Das original britische Frühstück bei B&B-Vermieterinnen ist meist um Klassen besser als in den Hotels. Schlagen Sie bei Ihrer Ankunft den angebotenen Begrüßungstee nie aus. Außer Tee und Keksen geben die Gastleute nur zu gerne Tipps und Wetterprognosen. Vorsicht: Waliser haben eine sehr naturnahe Einstellung zum Wetter, ihre Prognosen werden oft als zu optimistisch und beschönigend empfunden.

Entlang des Offa's Dyke Path liegen leider nur wenige Billigunterkünfte. Für die Übernachtung in einer britischen Jugendherberge brauchen Sie unbedingt einen gültigen Herbergsausweis. Aktuelles zu den Häusern der **Youth Hostel Association** (YHA) ist unter www.yha.org.uk zu finden. **Bunkhouses** sind manchmal eine Alternative. Sie werden von Privatleuten geführt und reichen von ungeheizten Anbauten ohne Dusche und gezimmerten Lagerstätten, auf denen man Isomatte und Schlafsack ausbreiten kann, bis hin zu Unterkünften fast mit Guesthouse-Niveau,

www.independenthostelguide.co.uk.

Richtig große Campingplätze gibt es am Wanderweg kaum. Dennoch werden Sie keine Probleme mit Stellplätzen haben. Viele B&B-Vermieter sind selbst Mitglieder der Offa's Dyke Association und lassen ODP-Wanderer im Garten zelten.

"Offa's Dyke Path Backpackers' and Camping List", ein jährlich aktualisiertes Verzeichnis aller Campingmöglichkeiten, ist für £ 1,30 bei der Offa's Dyke Association erhältlich.

Wildcamping ist in Naturschutzgebieten und Nationalparks gesetzlich verboten. Wenn Sie aber auf der Hatterhall Ridge oder auf der Clwydian Range so ungünstig von Regen, Wind, Nebel und hereinbrechender Dunkelheit überrascht werden, dass ein Abstieg ins Tal mit schweren Verletzungen verbunden wäre, sagt kein Nationalpark-Warden etwas, wenn Sie Ihr Zelt deutlich als Not (!)-Biwak und ohne Schaden für Flora und Fauna für die Nacht aufbauen. Auf Wiesen und Weideland wäre Wildcampen ein Verstoß gegen die Eigentumsrechte des Bauern und zöge ein nächtliches Kennenlernen des Dorfpolizisten nach sich. Also: stets vorher fragen, fast immer bekommt man die Erlaubnis und noch dazu einen guten Tipp, wo das Zelt windgeschützt und schlammfrei steht.

▷ Einige Vermieter bieten gegen wenig Geld eine **Gepäckbeförderung** an. Die Anbieter sind mit ■ gekennzeichnet.

Gerade für Camper ist es wichtig, tagsüber nicht das gesamte Zeltzubehör schleppen zu müssen. Sie machen morgens telefonisch den nächsten Schlafplatz fest (gleich wieder nach Gepäckservice fragen!) und lassen sich ihr großes Gepäck vom heutigen Vermieter zum nächsten Quartier bringen. Mit einem kleinen Tagesrucksack kommen Sie dann viel lockerer durch Ihre Tagesetappe.

▷ Häuser, die nicht unmittelbar am Weg liegen, bieten zum Teil einen **Fahrdienst** an. Wanderer können sich an einem vorher abgesprochenen Ort zu einer konkreten Zeit abholen und am nächsten Tag wieder an diesem Punkt absetzen lassen. Vermieter, die diesen Service bieten, können Sie an einem 🚗 erkennen.

▷ Im Wanderteil sind die Übernachtungsmöglichkeiten mit **Entfernungsangaben** ➲ zum Path jeweils bei den Einzeletappen genannt. In größeren Orten wurde von der Aufzählung aller B&B-Häuser abgesehen. Das hat nicht nur mit Platzgründen zu tun, sondern berücksichtigt auch die schnellen Änderungen im B&B-Angebot. Private Anbieter überlegen spontan, das Zimmer der studierenden Tochter zu vermieten oder sich aus Altersgründen die Arbeit nicht mehr länger zuzumuten, eine Liste aller B&B wäre daher schon veraltet, bevor sie gedruckt ist.

Die *Offa's Dyke Association* gibt jährlich das Heftchen "Offa's Dyke Path Where to Stay" heraus, in dem alle Übernachtungsmöglichkeiten (mit Stand Oktober/November des Vorjahres) entlang des Weges aufgeführt sind.

Im Internet finden Sie unter 💻 www.offas-dyke.co.uk im Untermenü *Accomodation* B&B-Tipps, die sofort online gebucht werden können.

Trampen

Ein Formtief, eine Verletzung, falsche Etappenplanung oder "lots of weather" können den Wanderer dazu zwingen, die geplante Tagesetappe abzubrechen und die restliche Strecke zur Unterkunft alternativ zurückzulegen. Für die Bewohner der mitunter recht abgelegenen Regionen ist es selbstverständlich, am Straßenrand gestrandete Dyke-Wanderer mitzunehmen, oft sogar über das eigene Ziel hinaus direkt zur Unterkunft des Wanderers. Großartigen Dank erwarten sie nicht, dennoch freuen sie sich als Gegenleistung für die Beförderung über ein nettes Gespräch und ein dankbar lächelndes "Thank you very much!" bzw. "Diolch yn fawr!" Mit einer Bezahlung in Geld beleidigt man sie, wer sich dann – gerade bei längeren Fahrten - unwohl fühlt, kramt als Kompromiss ein Andenken an die gemeinsame Fahrt aus dem Rucksack: eine Visitenkarte, etwas Typisches für seine Heimat (z.B. Kölner eine 4711-Miniatur, Bonner eine Mini-Tüte Gummibären, ...), ein Aufkleber oder eine Ansichtskarte seiner Heimatstadt.

Walkers Card

Wer am Ende der Wanderung eine entsprechende Ehrennadel nebst Urkunde haben möchte, sollte sich bei der Offa's Dyke Association die Walkers Card (15 p) bestellen, die er dann zum Beweis für die Bewältigung der kompletten

Strecke während der Wanderung von zwei Mitgliedern der Offa's Dyke Association unterschreiben lässt und auf deren Rückseite er selbst alle Übernachtungsstationen auflistet.

Wettervorhersage

Alle regionalen Radiosender bringen stündlich Nachrichten mit Wettervorhersage. Exakte und aktuelle Vorhersagen für Ihre spezielle Wanderregion können bei Weathercall abgerufen werden: ☏ 09068/5004- dann 15 für Nordwales, 14 für Powys, 10 für Shropshire und Herefordshire und 09 für Monmouthshire.

Im Internet finden Sie unter

- www.weatheronline.com, www.metoffice.gov.uk. und
- www.bbc.co.uk/wales/weather/ detaillierte Infos.

Sagt Ihnen jemand nach einer exakten Wettervorhersage "lots of weather" voraus, können Sie sicher sein, vom vorher Beschriebenen mehr als gewünscht zu erleben, also heiß sengende Sonne, übelste Winde oder Pladderregen.

Zeit

In Großbritannien gilt Greenwich Mean Time (GMT), auch Westeuropäische Zeit (WEZ) genannt. Das ist eine Stunde später als unsere Mitteleuropäische Zeit (MEZ), dort ist es also erst 8:00, wenn es hier schon 9:00 ist. Auf Sommerzeit und zurück wird jeweils am selben Tag wie zu Hause umgestellt.

Nur in hochoffiziellen Situationen und bei Fahrplänen wird der Tag in 24 Stunden eingeteilt. Gewöhnlich wird der Tag zweimal in zwölf Stunden eingeteilt, zur besseren Unterscheidung wird zwischen Mitternacht und 12 Uhr "a.m." ergänzt, danach "p.m.". Diese Abkürzungen stehen für die lateinischen Worte ante / post meridiem (= vor / nach Mittag). 12 p.m. heißt dabei Mittag, 12 a.m. Mitternacht. Wenn Sie bei einer Uhrzeit nicht sicher sind, fragen Sie vorsorglich, ob 8:00 morgens oder abends gemeint ist.

Der Weg in 12 Etappen

Etappe 1: Stile bei Wintours Leap

Voretappe: Warmlaufen am Vorabend Sedbury Cliffs bis Chepstow

3 km, 2 Stiles, Karte 1

Am Südende des Offa's Dyke Path übernachten die meisten Wanderer in der kleinen Grenzstadt **Chepstow**, denn in Sedbury gibt es nur wenige Übernachtungsmöglichkeiten. Es bietet sich daher an, den südlich von Chepstow gelegenen Streckenabschnitt als Abendwanderung einzuplanen. Genießen Sie die etwa 3 km bis zu den **Sedbury Cliffs** ohne Gepäck. So können Sie sich auf die Tour einstimmen und dabei Wanderschuhe und Gelenke prüfen. Keine Sorge, der Rest des Weges ist schöner als dieser schlecht ausgeschilderte Streckenabschnitt durch ein Wohngebiet. Zum Startpunkt gelangen Sie über die **Beachley Road**, die die A 48 auf der englischen Seite des Wye kreuzt. Folgen Sie den Schildern mit der Eichel, die den gesamten Offa's Dyke Path markieren, zu den Sedbury Cliffs. Der südlichste Punkt des Offa's Dyke Path befindet sich auf einem **Kalksteinkliff** am Severn. Ein Abstieg ist verboten, zudem ohne Klettererfahrung nicht empfehlenswert und das gezeitenabhängige Schlammbett des Severn nicht einmal sonderlich verlockend.

Genießen Sie die Aussicht nach Mittel- und Südengland und auf die Severn Brücke. Bei gutem Wetter können Sie sogar bis Bristol sehen.

Geocache GCY2Z1 Slimy Trail, Multi-Cache.

Wenn Sie startklar sind, wenden Sie der Abbruchkante den Rücken. Der Wall ist hier gut zu erkennen. Ein Stein markiert den Startpunkt Ihrer Wanderung, eine kurze Erläuterung zu Dyke und Path ist auf einer Metalltafel zu lesen.

Sie gehen zunächst auf dem Dyke durch ein Wäldchen, überqueren eine Holzbrücke und eine Straße und kommen, wenn Sie sich rechts halten, durch ein Kissing Gate auf ein Feld.

Sedbury

BANK ✆ 01291

Christine Potts, Upper Sedbury House, Sedbury Lane, Sedbury, Monmouthshire, NP6 7HN, ☎ 627173, map_home@hotmail.com, 900 m,

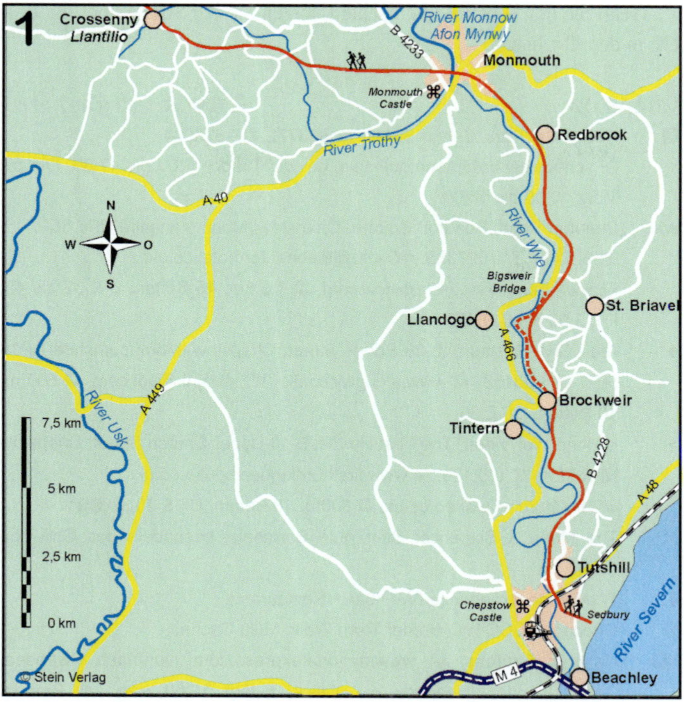

14 Betten, ÜF ab £ 24,75, ⛺ £ 5,50, Pool 🚗 💼 🅿 während der gesamten Wanderung

🚌 Stagecoach, ☎ 01633/485118, von/nach Chepstow ⌛ Mo bis Sa 9 x täglich
Dukes Travel, ☎ 01594/835476, von/nach Chepstow ⌛ Mo bis Sa 9 x täglich

In Sedbury führt der Weg durch ein Wohngebiet (Mercian Way + Offa's Close) an einem Klärwerk vorbei zum östlichen Ufer des Wye. Im Wohngebiet fehlt die Wegmarkierung. Anfangs links der Wiese bleiben! Am Ende der Wyebank Avenue links in die Beachley Road abbiegen.

Die Ausfallstraße A 48 und die Bahnlinie werden auf dem Gehweg entlang der B 4228 gekreuzt.

Wenn Sie in Chepstow übernachten, folgen Sie der Straße über die Brücke in den Ort hinein.

Chepstow

☎ 01291

- Castle Car Park, Bridge Street, ☎ 623772, FAX 628004, chepstow-tic@monmouthshire.gov.uk tägl. 10.00 bis 17.30, Okt bis März 10.00 bis 15.00.
- Beaufort Hotel, Beaufort Square, Chepstow, Monmouthshire NP6 5EP, ☎ 622497, FAX 627389, info@thebeauforthotel.co.uk, www.beauforthotelchepstow.com, 1,6 km, 45 Betten, Ü £ 32 bis 49, F £ 3,95 bis 5,95
- Afon Gwy Restaurant, 28 Bridge Street, Chepstow, Monmouthshire NP16 5EZ, ☎ 620158, www.afongwy.co.uk, rsmrjnk@aol.com, 500 m, 10 Betten, ÜF £ 35.
- Yvonne Westwood, The First Hurdle, 9-10 Upper Church Street, Chepstow NP6 5EX, ☎ 622189, www.firsthurdleguesthouse.co.uk, firsthurdle@yahoo.co.uk, 800m, 18 Betten, ÜF £ 30,
- The Moon & Sixpence: Sehr gute Barmeals, besonders das Chili con Carne.
- The Grape Experience (Weinbar + Restaurant).
- Geocache GCQ4VQ Border Town Walk, Multi-Cache.
- National Express, www.nationalexpress.com, von/nach Swansea, Cardiff, London (Heathrow + Gatwick) tägl. 10:00, von/nach Brecon, Aberdare, Cardiff, London (City) Mo bis Sa 2 x täglich, So 1 x täglich
- Stagecoach, ☎ 01594/837408, von/nach Newport Mo bis Sa 15 x täglich, von/nach Tintern und Monmouth Mo bis Sa 9 x täglich, So 4 x täglich sowie von/nach Coleford, St. Briavels und Tidenham Mo bis Fr 1 x täglich
- Chepstow Classic Bus, ☎ 01291/625449, von/nach Monmouth und Trellech Mo bis Sa 6 x täglich sowie von/nach Newport und Gloucester Mo bis Sa 6 x täglich
- Dukes Travel, ☎ 01594/835476, von/nach Sedbury Mo bis Sa 9 x täglich

⌘ **Chepstow Castle**. Sofort nach dem Battle of Hastings 1066 begann William Fitz Osbern, ein Verbündeter von William dem Eroberer, mit dem Bau dieser Burganlage. Sie ist eine der ältesten steinernen Burgen in

Chepstow Castle

Großbritannien. In der Ausstellung "A Castle at War" wird mit lebensgroßen Puppen eine Kriegsszene aus dem 13. Jahrhundert nachgestellt.

♦ ☏ 624065, April/Mai/Okt 🚪 9:30 bis 17:00, Juni bis Sep bis 18:00, Nov bis März, Mo bis Sa 9:30 bis 16:00, So 11:00 bis 16:00, Eintritt £ 3,50, ermäßigt £ 3, CADW.

⌘ Das **Chepstow Museum** gibt einen guten Einblick in die Regionalgeschichte (Hafen, Weinhandel, Lachsfischerei, Schiffbau).

♦ Gwy House, Bridge Street, ☏ 625981, FAX 625983, täglich 14:00 bis 17:00, Mo bis Sa 11:00 bis 13:00, Juli bis Sep Mo bis Sa 10:30 bis 15:30.

✞ **St. Mary**: als Benediktiner-Priorat gegründet, mit dem Bau wurde bereits 1072 begonnen, also nur kurz nach Chepstow Castle. Fast noch beeindruckender als die Steinmetzarbeiten sind die liebevoll bestickten Kniekissen. Neben dem Chor ist das alte Uhrwerk ausgestellt. Der Grabstein hinter der Kinderspielecke ist einer männlichen Hebamme aus dem 18. Jahrhundert gewidmet, 14:00 bis 16:00. Auch schön sind die Lunchtime Konzerte am Mittwoch um 12:45, Eintritt frei.

1. Etappe: Wye Valley - Chepstow bis Monmouth

26 km, 27 Stiles, Karte 1

An der T-Kreuzung nehmen Sie den von Chepstow kommenden Weg nach Norden. Auf der ehemaligen A 48 von Chepstow nach Gloucester erreichen Sie **Tutshill**.

Abstieg nach Monmouth

Von dort haben Sie eine Ansichtskarten-Aussicht auf den **Wye**, Chepstow und seine normannische Burgruine aus dem 11. Jahrhundert. An der Ruine eines Leuchtturms (Tutshill Tower) aus dem 16. Jahrhundert und an "Pen Moel", einer weiß-grünen Villa, vorbei, links die Straße hoch, geht es im Zickzack durch verwinkelte Gässchen.

Geocache GCN72P Steganocache, Puzzle Cache

Die B 4228 muss nur knapp 100 m ertragen werden, bald führt der Weg durch einen über 100 Jahre alten Torbogen. Zur Straße hin steht dort "Moyle Old School Lane", auf der Rückseite heißt es "Mediaeval Times: Donkey Lane". Schule oder Esel: Machen Sie sich Ihren eigenen Reim darauf!

Geocache GCT38K Wintour's Leap, Traditional Cache

Wintours Leap

Hoch über einer engen Flussschleife des Wye liegt der Aussichtspunkt Wintours Leap. Der königstreue Bürgerkriegsheld Sir John Wintour soll hier auf der Flucht vor Verfolgern in vollem Galopp die fast 70 m hohen Klippen hinuntergeritten sein, danach den Wye durchschwommen haben und in der Sicherheit von Chepstow Castle angelegt sein.

Auf der **Llancaut-Halbinsel** ist der Dyke noch gut erhalten. Hinter Broadrock können Sie einen kleinen Abstecher zur Ruine der normannischen Kirche von St. James machen. Der Path kürzt die Llancaut-Halbinsel über die B 4228 ab. Die Offa's Dyke Association bemüht sich tapfer, hier eine "Off-Road-Alternative" zu finden, bis dahin ist Asphalttreten noch unumgänglich. Nach rechts haben Sie noch einen schönen Blick auf den Severn. Kurz darauf haben die netten Bewohner von **Little Chase** am rechten Straßenrand Wasser für Offa's Dyke Path Wanderer bereitgestellt. Am **Dennel Hill** führt der Path westlich ins Gehölz und folgt dem Dyke ein gutes Stück auf den Höhen über dem Wye.

Geocache GCX4QV Wye Valley Ghost Train, Multi-Cache

Der Weg führt auf die Zufahrtsstraße zur **Tintern Quarry**. Dort wurde Granit und Kalkstein abgebaut. Entlang einer verfallenen Mauer auf dem

Dyke führt der Weg durch ein kleines Wäldchen. Nehmen Sie nicht den steil abfallenden Pfad zum Fluss, Ihr Weg folgt dem Wall auf der Höhe.

An etlichen Stellen können Sie einen hinreißenden Ausblick auf das Wyetal genießen; vom Plumweir Cliff erhaschen Sie bei klarer Sicht einen ersten Blick auf Tintern Abbey. Sie kommen an einer Bank vorbei, die Chris Plugh, einem Wye Valley Warden, gewidmet ist.

Devils Pulpit ist der ideale Ort für ein ausgedehntes Picknick. Die Ansammlung von unwirtlichen Felsen wurde "Des Teufels Kanzel" genannt, weil sich nur der Teufel an einem solchen Ort wohlfühlen könnte.

Einheimische erzählen- je nach Einstellung zur christlichen Kirche -, dass "Old Nick" (ein Spitzname für den Teufel) von hier gegen die korrupten Mönche von Tintern wetterte oder mit dem Versuch scheiterte, die Mönche durch böse Predigten und Zaubersprüche von ihrem tugendhaften Leben abzuhalten.

🌐 Geocache GCGACR Devils Pulpit, Traditional Cache

Nach 100 m erreichen Sie ein *Stile*. Überqueren Sie das Feld dahinter nicht, sondern folgen Sie dem Wegweiser davor nach links.

Der Weg führt links vom Dyke zunächst steil (Treppenstufen), später sanft bergab. Nach 400 m treffen Sie auf eine Wegkreuzung, an der Sie - bei genügend Zeit und kulturellem Interesse - zu einer Besichtigung der Ruine von **Tintern Abbey** absteigen können.

Tintern

☏ 01291 ➲ 800 m

🛏 Parva Farmhouse Hotel, Monmouth Road, Tintern, Nr. Chepstow, NP16 6SQ, ☎ 689411, FAX 689941, ✉ parvahoteltintern@fsmail.net, 💻 www.hoteltintern.co.uk. ➲ 1,2 km, 18 Betten, ÜF £ 22 bis 42,50 🚕 per Taxi. Mit Honesty Bar: Man bedient sich selbst am Kühlschrank und notiert seine Getränke für die Abrechnung am nächsten Morgen.

🍴 Rose & Crown, Monmouth Road, ☎ 689254: Gute Barmeals, leckere Sweets und sehr freundlich ("Wet Dogs and Muddy Walkers Welcome!") B&B auf Anfrage, ➲ 1 km, 7 Betten, ÜF £ 20.

☕ Abbey Mill, ☎ 689228, 🚪 10:30 bis 17:30. Preiswerte Lunches, guter Cream Tea.

Tintern Abbey

- Parva Farm Vineyard, ☏ 689636. Wein, Met, Konfitüren und andere Leckereien.
- ♦ Stella Books, Monmouth Road, ☏ 689755, 💻 www.stellabooks.com. Wanderkarten, Regionalführer, Antiquariat.
- Stagecoach, ☏ 01633/485118, von/nach Chepstow und Monmouth ⌛ Mo bis Sa 9 x täglich, So 4 x täglich
- Geocache GCMDB6 The Devil's Congregation, Puzzle Cache, Vorbereitung zu Hause sinnvoll
- ♦ Geocache GCY3YR Unexpected Abbey View, Traditional Cache
- ♦ Geocache GC10XND Station Surprise, Multi-Cache

⌘ **The Old Station**, Tintern. Viktorianischer Bahnhof mit kleiner Eisenbahnausstellung, wechselnden Ausstellungen lokaler Künstler, ☕ Spielplatz und Campingmöglichkeit.

♦ FAX 689566, ✉ oldstationtintern@monmouthshire.gov.uk, April bis Okt 🚪 10:30 bis 17:30

✞ **Tintern Abbey**: Romantische Klosterruine, 1131 von Zisterziensern gegründet und heute die am besten erhaltene mittelalterliche Kirche in Wales. Die Audiotour ist sehr empfehlenswert. WC, Shop.

♦ ☏ 689251, April/Mai/Okt 🚪 9:30 bis 17:00, Juni bis Sep bis 18:00, Nov bis März Mo bis Sa 9:30 bis 16:00, So 11:00 bis 16:00, Eintritt £ 3,50, ermäßigt £ 3, CADW.

Sobald der Weg aus dem Wald auf eine Schafweide führt, gehen Sie links bergab. Was wie ein Weg geradeaus auf der Höhenlinie aussieht, verliert sich kurz darauf im Nichts.

Bis kurz vor **Brockweir** können Sie die Entscheidung zwischen einer Berg- und einer Talvariante noch vor sich herschieben. Dort gabelt sich der Offa's Dyke Path in zwei reizvolle Alternativrouten, die etwa gleiche Anforderungen an die Kondition des Wanderers stellen.

Der obere Weg überwindet 200 zusätzliche Höhenmeter, während die untere Wegvariante etwa 1,5 km länger ist, nette Stechinsekten beheimatet und an manchen Tagen von Wye Valley Wanderern überlaufen sein kann.

Über St. Briavels Common

Die Route verläuft entlang des hier nur fragmentarisch erhaltenen Offa's Dyke zwischen den locker verstreuten Cottages von **St. Briavels Common** und **Hudnalls**. Die Wegmarkierung ist nicht immer eindeutig. Wer diese Strecke in der Osterzeit geht, kann sich an unzähligen Wildblumen erfreuen: Blaue und weiße Veilchen, Narzissen und Primeln stehen dicht an dicht.

Zunächst geht es bergab bis zur Brücke über den **Brockweir Brook**. Über ein *Stile* gelangen Sie auf die Straße nach Hewelsfield, dieser folgen Sie kurz nach Osten, um sie dann gen Norden zu verlassen. Hinter einer kleinen Fußbrücke kommen Sie bei zwei kleinen Quellen an eine Gabelung, wählen Sie hier den höheren, östlichen Weg. Über Privatgrund und vier *Stiles* gelangen Sie auf die unbefestigte Straße mit einem Schild "Oak Cottage", die Sie nach Sittinggreen und kurz darauf an das Birchfield House bringt.

⊕ Geocache GC10J8B Offas Valley View, Traditional Cache

Hier haben Sie einen schönen Blick auf das Wyetal und Bigsweir Bridge. Hinter dem Birchfield House ist der Weg in engen Serpentinen in den steilen Hang gehauen. Die gut gemeinten Holzstufen können bei feuchter Witterung zu einer gefährlichen Rutschfalle werden. Am Fuße dieses Abstiegs treffen die beiden Routen an der Bigsweir Bridge wieder zusammen.

Bigsweir

☏ 01294

The Florence Hotel, Bigsweir, Glos GL15 6QQ, ☎ 530830, www.florencehotel.co.uk, enquiries@florencehotel.co.uk, ➲ 400 m, 18 Betten, ÜF £ 46

Bigsweir Bridge

In Bigsweir

B&B Jackie Lacey, Offa's Mead, The Fence, St. Briavels, Lydney, Gloucestershire GL15 6QG, ☎ + FAX 530229, ✉ offasmead@lacey4074.fsnet.co.uk, ➲ am Weg, Feb bis Nov, 4 Betten, ÜF £ 25

♦ Fiona Hughes, Prospect Cottage, Lower Wye Valley Road, Bigsweir, Glos GL15 6RR, ☎ 530566, www.prospectcottage.com, ✉ enquiries@prospectcottage.com, ➲ am Weg (Wye-Variante), 5 Betten, ÜF ab £ 35

⇔ Variante entlang des Wye

Hinter der Weggabelung passieren Sie die H.A.P.P.A. (Horses & Ponies Protection Association), eine gemeinnützig betriebene Farm, auf der Pferde, Ponys, Esel, Katzen und Hunde in Not gepflegt werden.

Brockweir

✆ 01291

B&B Sheila Peacy, Castle-A-Buff Farm, Brockweir, Chepstow, Gwent NP16 7NW, ☎ 689601, ☎ 07704/454758 (mobil), 4 Betten, ➲ am Weg (Briavels-Variante), ÜF £ 25.

Weggabelung bei Brockweir

✕ Brockweir Inn, Di bis So 12:00 bis 15:00, Mo bis Sa 18:00 bis 23:00, So 19:00 bis 23:00.

Tearoom auf der H.A.P.P.A.-Farm.

Brockweir Monrovian Church, hinter Brücke am Ortseingang links, "Tankstelle für Wanderer“ in der Kirche

Geocache GC10XKB Ferryman's Fury, Traditional Cache

Hinter dem Brockweir Inn verläuft der Weg parallel zum Fluss auf einem breiten Treidelpfad. Am Ostufer führt der Weg in sanften Wellen durch offene Wiesen. Schwäne und Enten runden die Idylle ab. Den Weg teilen sich Wanderer, Radler und Reiter. Am anderen Ufer liegt das Dorf **Llandogo**. Je nach Wasserstand können Sie hier einige Stromschnellen sehen. Sie setzen Ihren Weg am Wasser fort.

Geocache GCWK9F La Belle Marie, Traditional Cache

Nach einer Weile gelangen Sie auf das Sträßchen nach **St. Briavels Hall**, das durch zwei hohe Säulen auffällt. Etwa einen halben Kilometer später treffen Sie an der Bigsweir Bridge auf den Höhenweg. Diese Brücke markiert den höchsten gezeitenabhängigen Punkt des Wye. Beide Streckenalternativen kombiniert ergeben einen beliebten Rundwanderweg von etwa 10 km. Der Wanderer bleibt auf der A 466, bevor es auf der Straße Richtung St. Briavels etwa einen halben Kilometer bergauf geht.

St. Briavels

✆ 01594

St. Briavels Castle, The Castle, St. Briavels, Lydney, Gloucestershire GL15 6RG, ☏ 530272, ☏ 0870/7706040, FAX 530849, www.yha.org.uk, stbriavels@yha.org.uk ➲ 2,2 km stramm bergauf, 70 Betten, Ü Senior £ 10,15, Junior £ 6,85, 11. bis 26.2., 20.4. bis 6.5., 26.5. bis 3.6., 21.7. bis 2.9., 13. bis 28.10. und bei Voranmeldung. Sie wohnen in einem mittelalterlichen Jagdschloss, essen im Rittersaal und schlafen vielleicht in einem ehemaligen Verließ. Trockenraum, ⊘

♦ Stagecoach, ☏ 01594/837408, von/nach Chepstow, Coleford und Tidenham ⌛ Mo bis Fr 1 x täglich sowie von/nach Redbrook und Monmouth ⌛ Mi 1 x täglich

Unmittelbar hinter der ersten Brücke biegen Sie rechts ab und folgen dem kleinen Sträßchen nach Norden. Auf diesem bleiben Sie. Lassen Sie sich durch die Wegmarkierungen des Woodland Trust nicht irritieren. Hier geht es links in den Wald, kurz darauf findet sich an einem Parkplatz ein schöner Picknickplatz. Gemeinsam mit dem Dyke gewinnen und verlieren Sie ungefähr 100 Höhenmeter auf dem Creeping Hill. Der südwärts wandernde Leser hat bereits lange vor dem nördlichen Waldrand erkannt, dass er auf dem Offa's Dyke geht; in Gegenrichtung wird es erst an eben dieser Stelle deutlich, wenn man sich umdreht.

Das nächste Stück führt durch Felder an der **Coxbury Farm** vorbei. Hier ist der Dyke deutlich zu erkennen: Er bildet zugleich den Waldrand auf dieser Hochebene (**Highbury Plains**).

Sie kreuzen die Coxbury Lane (schlecht beschildert) und tauchen in das Waldgebiet Highbury Wood ein. An der Highbury Farm müssen Sie sich vom Dyke verabschieden.

Den auf den letzten 22 km lieb gewonnenen Wandergesellen werden Sie erst in 87 km bei Kington wieder sehen. Hinter der Farm, von der Sie eine gute Aussicht auf den Wye haben, schlängelt sich der Weg in Serpentinen ins Tal. Am Fuß des Hangs bringt Sie eine unvermeidliche Treppenflucht von 67 Stufen nach Redbrook. Am Fuß der Treppe gehen Sie links auf die Hauptstraße zu, dieser folgen Sie auf der rechten Straßenseite. Streckenführung im neuen ODP-Führer checken, war vor Ort nicht zu finden.

Redbrook

✆ 01600

B&B M. Evans, Tresco, Redbrook, Monmouth, Monmouthshire NP5 4LY, ☎ 712325, ➲ am Weg, 7 Betten, ÜF £ 22, ⛺ £ 3.

♦ Christine Knapman, Old Brewery House, Brewery Yard, Redbrook on Wye, Monmouthshire NP25 4LU, ☎ 713819, 💻 www.oldbreweryhouse.com, ✉ enquiries@oldbreweryhouse.com, ➲ am Weg, 4 Betten, ÜF £ 30

♦ Lesley Hirons, Inglewood House, Redbrook Road, Redbrook on Wye, Monmouthshire NP25 4LU, ☎ 713819, 💻 www.inglewood-house.co.uk, ✉ inglewoodhouse@hotmail.co.uk, ➲ am Weg, 6 Betten, ÜF £ 30

✕ Bell Inn, köstlicher Steak & Ale Pie, auch die Fischgerichte und der Hot Chocolate Fudge Cake sind uneingeschränkt empfehlenswert.

Redbrook

- ♦ Boat Inn, auf der anderen Wye-Seite. Gute Küche, Mi Ruhetag
- ♦ Stagecoach, ☏ 01594/837408, von/nach St. Briavels Common und Monmouth ⌛ Mi 1 x täglich
- 🌐 Geocache GCVJ6P The Two Bridges, Multi-Cache (5 km!)

Der Weg führt von der Straße weg auf einen Schotterweg. An einer Brücke treffen Sie auf die B 4231, der Sie nach rechts folgen.

Gegenüber vom **Woodland Cottage** verlässt der Offa's Dyke Path die Straße.

Am Ende eines steilen Anstiegs - vorbei an einem Haus mit der britischen Antwort auf unsere Milka-Kuh - einer lila (!) Hundestatue - biegt er scharf nach Norden in einen Hohlweg ab, der zur Duffield's Farm führt.

Duffield's Lane bringt Sie bequem zur **Cockshoot Ash Barn**. Dahinter setzen Sie Ihren Weg nordöstlich über zwei *Stiles* und durch zwei *Kissing gates* fort.

Am westlichen Ausgang des Parkplatzes liegt ein Aussichtspunkt, der Path führt rechts weiter zu **The Kymin**.

⌘ Auf dem Gelände des National Trust treffen Sie zunächst auf den **Naval Temple**. Dieses Denkmal aus dem Jahr 1801 erinnert an die Heldentaten von 16 britischen Admiralen. Der bekannteste von ihnen, **Admiral Lord Nelson**, wird für seine Leistungen bei der Nilschlacht 1798 gegen die Franzosen geehrt. Er besichtigte den Naval Temple nachweislich 1802. In Monmouth wird gemunkelt, dass er dies nur tat, weil ganz in der Nähe seine Geliebte, Lady Hamilton, wohnte.

The Kymin ist ein historischer Aussichtspunkt mit Blick auf Monmouth. Im 18. Jh. trafen sich hier dienstags die Gentlemen des Kymin Club zum Picknick, diskutierten gesellschaftspolitische Fragen und planten Aktionen zur Unterstützung sozial schwacher Bürger der Stadt.

Weil das Wetter damals ebenso unbeständig war wie heute, wurde ein rundes Haus für Treffen und Bankette gebaut.

Durch das Teleskop auf dem Flachdach des Round House genossen die Herren den Blick auf das heimatliche Monmouth und die Hügellandschaft des Wyetals. Das schneeweiße Gebäude kann innen besichtigt werden. Bei klarer

The Kymin

Ausblick vom Kymin

Sicht können Sie hinter Monmouth die Gipfel von Blorenge, Sugar Loaf und Skirrid Fawr in den Black Mountains erspähen.

♦ April – Okt Sa, So, Mo 11:00 bis 16:00, £ 2,20, Kinder £ 1,10, Familie £ 5,50, National Trust

Geocache GCVXC3 Breakfast with Emma and Horatio, Puzzle Cache

Hinter einer Garage fällt der Weg bald nach Westen ab. Einige Stufen erleichtern den Abstieg. Vorbei an der **Rose Tree Cottage** und an einem Funkmast treffen Sie am Waldrand von Garth Wood auf die Fahrstraße zum Kymin. Dieser folgen Sie bis zu einem scharfen Rechtsknick, hier können Wanderer hinter zwei *kissing gates* auf einem schmalen Weg ein Stück der A 4136 abkürzen.

Am früheren **May Hill Inn & Hotel** wechseln Sie die Straßenseite zur Brücke über den Wye. Ein Fußgängertunnel führt Sie unter der stark befahrenen A 40 hindurch ins Stadtzentrum von Monmouth.

Charles Rolls, Mitbegründer von Rolls Royce Motors, Rennfahrer und der erste Mensch, der den Ärmelkanal ohne Pause in beide Richtungen durchschwamm, lebte hier mit seiner Familie.

Monmouth

BANK 01600

Shire Hall, Agincourt Square, Monmouth, NP5 3DY, 713899, www.monmouthtic.gov.uk, Mai bis Okt 10:00 bis 17:00, Nov bis April 10:00 bis 16:00.

The Riverside Hotel, Cinderhill Street, Monmouth, NP5 3DN, 715577, FAX 712668, www.riversidehotelmonmouth.co.uk, info@riversidehotelmonmouth.co.uk, am Weg, 38 Betten, Ü £ 19 bis 46, F £ 3,95 (Continental Breakfast) bzw. £ 5,95 (British Breakfast)

♦ The Queens Head, 1 St. James Street, Monmouth NP25 3DL, 712767, www.queensheadmonmouth.co.uk, enquiries@queensheadmonmouth.co.uk, 150 m, 13 Betten, ÜF £ 20 bis 22,50

B&B Penny Dawes, Ebberley House, St. James Square, Monmouth NP25 3DN, 713602, am Weg, 4 Betten, ÜF £ 23 per Taxi.

♦ T. Kelly, Windyridge, Ridgeway, Monmouth NP25 3JX, 772077, mtlkelly@msn.com, 300 m, 5 Betten, ÜF £ 25

Shire Hall in Monmouth

- ♦ Judith Perks, Whitecross House, Whitecross Street, Monmouth NP25 3BY, ☏ 716422, ✉ judith@perks.dircon.co.uk, ➲ 200 m, 5 Betten, ÜF £ 22 🧳
- ♦ Carol Pirie, Peny-Y-Bryn, Oakfield Road, Monmouth NP25 3JJ, ☏ 716202, ✉ carol@pirie.info, ➲ 1 km, 2 Betten, ÜF £ 22 🚗 🧳
- ♦ F. Grennall, Parklands, 5 St. Thomas Road, Monmouth NP25 5SA, ☏ 713122, ✉ fran.mon@btopenworld.com, ➲ am Weg, 4 Betten, ÜF £ 23 (kein "cooked breakfast") 🧳
- ♦ Marion Sutton, Troydene, 16 Beech Road, Monmouth NP25 5DA, ☏ 712260, ➲ 400 m, 3 Betten, ÜF £ 22 🧳
- ♦ Penny Thomas, Loughrigg, 4 Gibraltar Drive, Monmouth NP25 5FE, ☏ 715507, ✉ pengray@msn.com, ➲ am Weg, 4 Betten, ÜF £ 22,50 🧳
- ♦ Rosey Ringer, Church Farm Guest House, Mitchel Troy, Monmouth NP25 4HZ, ☏ 712176, 💻 www.churchfarmmitcheltroy.co.uk , ✉ info@churchfarmguesthouse.eclipse.co.uk, ➲ 3 km, 20 Betten, ÜF £ 28 🚗 🧳

⛺ Monnow Bridge Caravan & Camping Site, Drybridge Street, Monmouth NP25 5AD, ☏ 714004, ⛺ £ 5 p.P., £ 8 (Zweipersonenzelt), Dusche £ 0,40, 🚰 Wasserstelle für Wanderer auf dem Offa's Dyke Path.

Tankstelle für Wanderer

- Originell ist das "Robin Hood" in der Monnow Street: mit Bruder-Tack-Menü und Sherwood-Forest-Kinderteller, außerdem soll schon Shakespeare Gast gewesen sein. Vorzügliche indische Küche erwartet Sie im Misbah Tandoori.
- Henry's Café, Beaufort Square, ☏ 772290. Gemütliches Café mit Bücherregal und Kinderspielecke, selbst das WC ist sehenswert! Im Sommer sitzt man auf dem Beaufort Square und genießt die köstlichsten Backwaren und Cream Teas.
- ♦ Tack Room Gallery Tea Room,hinter der Monnow Brücke
- Millets, schäg gegenüber der Shire Hall: Gut sortierter Outdoorer
- National Express, 💻 www.nationalexpress.com, von/nach Birmingham, Cardiff ⌛ 1 x täglich
- ♦ Stagecoach, ☏ 01594/837408, von/nach Hereford ⌛ Mo bis Fr 7 x täglich, Sa 6 x täglich, von/nach Ross-on-Wye ⌛ Mo bis Sa 6 x täglich, von/nach Redbrook und St. Briavels ⌛ Mi 1 x täglich sowie von/nach Chepstow (für Offa's Dyke Path via Tintern, nicht via Trellech fahren) ⌛ Mo bis Sa 9 x täglich, So 4 x täglich
- ♦ Glyn Williams Travel, ☏ 01495/229237, von/nach Abergavenny ⌛ Mo bis Sa 6 x täglich, So 4 x täglich sowie von/nach Newport und Usk ⌛ Mo bis Sa 7 x täglich, So 3 x täglich
- ♦ Chepstow Classic Bus, ☏ 01291/625449, von/nach Chepstow und Trellech ⌛ Mo bis Sa 6 x täglich
- Das Monmouth Canoe & Activity Centre, Castle Yard, Old Dixon Road, ☏ + FAX 713461, bietet Bootsverleih, geführte Kanadier- und Kanutouren, Abseilen, Felsklettern und Caving zu zivilisierten Preisen an.
- The Blake Theatre, Almshouse Street, ☏ 719401, 💻 www.theblaketheatre.org, abwechslungsreiches Programm vom klassischen Drama bis Comedy

Castle & Museum

Nelson Denkmal

🌐 Geocache GCVXMG A Bridge Too Far, Puzzle Cache

⌘ **The Castle**: Hier wurde König Heinrich V. geboren, im kleinen Kräutergarten duftet es herrlich.Das Gebäude beherbergt ferner das *Regimental Museum* mit einer Darstellung der städtischen Militärgeschichte, Schwerpunkt sind die 1539 gegründeten *Royal Monmouthshire Royal Engineers*, die "Seniorenabteilung" der Reservistenarmee.

♦ ☎ 772175, FAX 775001, www.monmouthcastlemuseum.org.uk, April bis Oktober tägl. 14:00 bis 17:00, November bis März Sa + So 14:00 bis 16:00, Eintritt frei.

⌘ **The Nelson Museum and Local History Centre**, Priory Street. Ausgestellt sind Rolls' Heißluftballons und Autos, Nelsons Kampfschwert und Liebesbriefe an Lady Hamilton sowie lokalhistorisch bedeutsame Stücke.

♦ ☏ 710630, FAX 775001, ✉ melsonmuseum@monmouthshire.gov.uk, täglich 14:00 bis 17:00, Mo bis Sa 10:00 bis 13:00.

2. Etappe: 26 km, 69 Stiles, Karte 1 & 2
Stiles & More Stiles - Monmouth bis Pandy

Heute werden Sie erste intensivere Erfahrungen mit *Stiles* machen können. Viel Vergnügen!

Der Offa's Dyke Path ist in **Monmouth** nicht markiert. Wenn Sie aus der Unterführung kommen, gehen Sie zunächst die Wyebridge Street hinauf und biegen links in die St. Mary's Street ein.

Zwischen den beiden Kirchen St. Mary und St. Thomas betreten Sie die verkehrsberuhigte Church Street und gehen auf der historischen Hauptstraße Monnow Street bis zur Brücke über den Monnow. Die Monnow Bridge ist die einzige noch erhaltene britische Wehrbrücke mit einem Torhaus **auf** der Brücke. Hier wird der Weg rechts auf der Drybridge Street fortgesetzt.

Stile bei Pandy

Nach etwa einem halben Kilometer geht es gegenüber der Einfahrt zu einem Caravan-Campingplatz links auf der Watery Lane weiter. Hier beginnt ein 26 km langer Streckenabschnitt entlang des **Trothy**, der südlich von Monmouth in den Wye mündet. Hinter der Stelle, an der der Bach unterirdisch weitergeführt wird, bleiben Sie unmittelbar auf dessen rechter Seite. An der Kurve vor der **Bailey Pit Farm** führt der Weg direkt in ein Feld, bleiben Sie hier möglichst am nördlichen Feldrain. Durch zwei weitere Felder und über drei Fußbrücken kommen Sie zum Kings Wood. Vielleicht können Sie Fährten von Rotwild erspähen.

Nun führt ein breiter Waldweg direkt auf die **Lower Hendre Farm** zu. Nach etwa 300 m Richtung Nordwesten gelangen Sie zur Hendre Farm.

B&B Hendre Farm House, Pam Baker, Monmouth, NP25 4DJ, ☏ 01600/740484, 💻 www.pam-baker.org, ✉ thehendrefarmhouse@hotmail.com, ➲ am Weg, 8 Betten, ÜF £ 35 ■. Frau Baker ist sehr stolz darauf,die einzige 5-Sterne-Farmhouse-Unterkunft in Wales zu betreiben.

♦ Val Barrell, Old Hendre Farm, Wonastow, Monmouth, NP25 4DJ, ☏ 01600/740447, ✉ valerie@ohfs.fsnet.co.uk, ➲ am Weg, 6 Betten, ÜF £ 28 ■

⌂ ⛺ The Rickyard Bunkhouse & Camping, The Hendre, Wonastow, Monmouth, NP25 4DJ, ☏ 740128, ✉ www.rickyardbunkhouse.co.uk, ✉ edco2000@amserve.net, ➲ am Weg. Bunkhouse-Unterbringung für Gruppen bis zu 28 Personen mit Küche, Mikrowelle, Essecke, TV, Schuhregal und Trockenraum, ⛺ £ 4 p.P., £ 8 pro Zelt ■

Gleich hinter dem neuen Gebäude verlassen Sie die Straße über ein *Stile*. Die Route führt kurz darauf über eine Fußbrücke.

Sie brauchen für die in Ihrer Karte eingezeichnete Grace Dieu Abbey keine Kulturpause einzuplanen.

Von der im 13. Jh. gebauten Zisterzienserabtei ist nicht ein Stein zu sehen. Nichtsdestotrotz erinnert vieles an die Abtei:

Auf der nächsten Straße überqueren Sie die Abbey Bridge und biegen am Abbey Cott scharf rechts in nordwestliche Richtung ab.

Vier Felder weiter - im Morgentau ein feuchtes Unterfangen - biegen Sie am Trothyufer in den linken der beiden weiterführenden Wege ab. Dieser führt Sie nördlich an einem Wäldchen (**Cefn Wood**) und dem Sunnybank Cottage vorbei unmittelbar auf den Parkplatz zur mittelalterlichen Kirche Llanfihangel-Ystern-Llewern, zu Deutsch: St. Michaelskirche des feurigen Meteors (leider wissen weder Einwohner noch Geschichtsbücher von einem Meteor).

Der gepflegte Friedhof und das Gebäude selbst laden zum Verweilen ein.

B&B Cathy & Dave Bowen, Penylan Farm, The Hendre Monmouth NP25 5NL, ☏ 01600/716435, 💻 www.penylanfarm.co.uk, ✉ penylan@fsmail.net, ➲ 3 km, 10 Betten, ÜF ab £ 25, ⛺ £ 5 pro Zelt 🚗 📷

Bei feuchtem Wetter beginnt nun eine etwa halbstündige Schlammschlacht durch Kuhweiden.

Hinter der Kirche steigt der Offa's Dyke Path bis zur **Pen-pwll-y-calch Farm** (Sie merken an den Namen, dass wir mittlerweile tief nach Wales vorgedrungen sind, nicht?) stetig an.

Auf der kleinen Fahrstraße bleiben Sie einen halben Kilometer, bevor Sie über ein *Stile* nach Norden abbiegen und ein Feld in einem weiten Bogen (gegen den Uhrzeigersinn) umgehen.

B&B Joyce Thom, The Grange, Penrhos NP15 2LQ, ☏ 01600/780202, ✉ joyce.thom@btinternet.com ➲ 600 m, Feb bis Okt, 6 Betten, ÜF £ 23 bis 26 📷 bei Voranmeldung

Unmittelbar an The Grange vorbei durch zwei weitere Felder und eine Baumschule gelangen Sie auf einen asphaltierten Feldweg.

Ihm folgen Sie an Penrhos Farm und Nantderri Farm vorbei bis nach Llantilio Crossenny.

Nach einem *kissing gate*, zwei Feldern und einem weiteren *kissing gate* kommen Sie auf die B 4233. Rechts geht es zur Kirche, Offa's Dyke Wanderer gehen links herum.

Llantilio Crossenny ✆ 01600

B&B ✕ The Hogs Head, Treadam, Llantilio Crossenny NP7 8TA, ☏ 780410, 💻 www.hogsheadpub.co.uk. Behindertengerechte und urgemütliche neue B&B, Pub und Restaurant, auch mit Ferienwohnungen. 8 Betten, ➲ am Weg, ab £ 35 📷

⛺ Amber Delahooke, Brick Cottage, Brynderi, Abergavenny NP7 8UE, ☏ 780000, 4 Betten, ➲ 250m, uriger Zigeunerwagen mit do-it-yourself-Frühstück, £ 12

🚌 Royal Mail Postbus Service, ☏ 01246/546329, von/nach Abergavenny, Llangattock Lingoed und Skenfrith ⌛ Mo bis Sa 1 x täglich

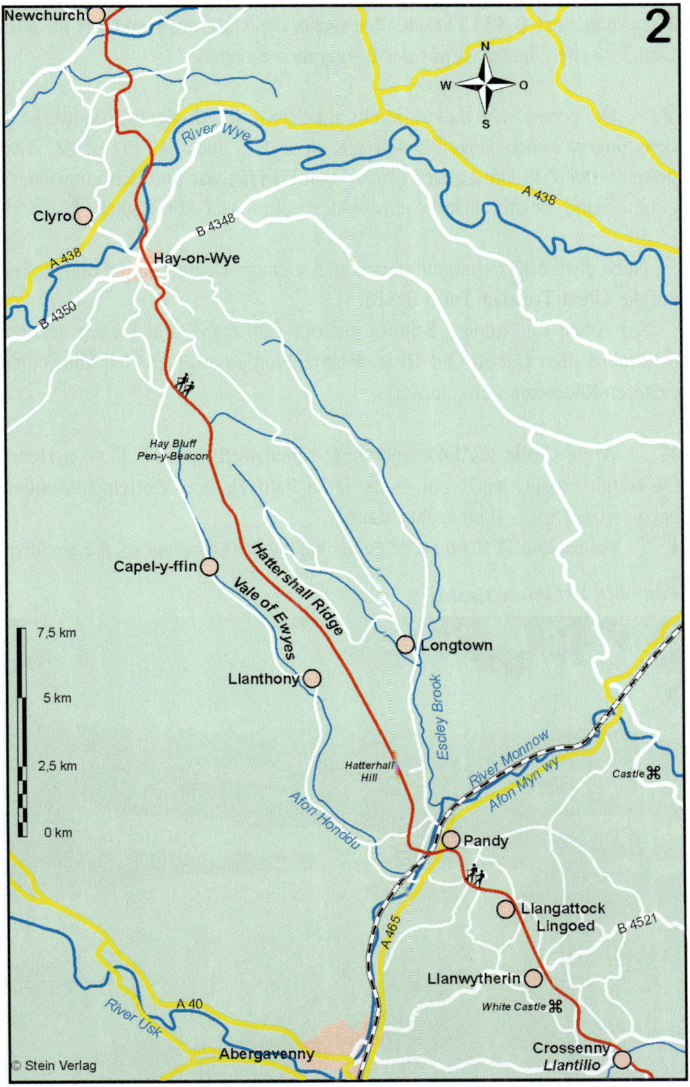
2
N
W
O
S
Newchurch
Clyro
River Wye
A 438
A 438
B 4348
Hay-on-Wye
B 4350
Hay Bluff
Pen-y-Beacon
Capel-y-ffin
Hattershall Ridge
Vale of Ewyes
Longtown
Llanthony
Escley Brook
7,5 km
5 km
2,5 km
0 km
Hatterhall Hill
River Monnow
Afon Myn wy
Castle
Afon Honddu
Pandy
Llangattock Lingoed
B 4521
A 465
Llanwytherin
White Castle
River Usk
A 40
Abergavenny
Crossenny
Llantilio
© Stein Verlag

⌘ Nach der B 4233 können Sie rechts die Reste des **Hen Cwrt** (= altes Gericht) sehen, leider ist nur der Burggraben erhalten.

✞ Die erste Kirche datiert bereits aus dem 6. Jh., das jetzige Bauwerk mit dem ungewöhnlich langen Schiff aus dem 13. und 14. Jh. ist St. Tilio geweiht, der 700 Jahre zuvor Bischof von Llandaff war und den Einwohnern guten Grund für das alljährliche Musikfestival im Mai gibt. täglich 🚪

Nach etwa 800 m bergauf passieren Sie einige kleine Tümpel und stoßen auf die **Great Treadam Farm** (B&B).

Sie gehen nur wenige Schritte auf der Fahrstraße und biegen an dem 400 Jahre alten Gehöft Old Treadam nach Norden ab. Der Pfad führt einen weiteren Kilometer stetig aufwärts.

⌘ **White Castle** (CADW, unbedingt sehenswert), im 12. Jh. von Henry De Burgh erbaut, wird vom Offa's Dyke Path zu drei Vierteln umrundet, bevor er an Duke's Barn rechts abbiegt.

♦ Mai bis Sep. 🚪 10:00 bis 17:00, Eintritt £ 2,50 (Erwachsene), £ 2 ermäßigt

Fernblick bei White Castle

White Castle

Burgenfans haben die Möglichkeit, hier bei White Castle vom Offa's Dyke Path abzuweichen. Sie steuern auf dem Three-Castles-Walk zunächst Skenfrith Castle an, dann Grosmont Castle. Von dort geht es zurück zum eigentlichen Path oder Longtown Castle östlich der Hatterhall Ridge nach Hay-on-Wye. b Offa's Dyke Castle Alternative Route, für 80 p bei der Offa's Dyke Associaction.

Geocache GCW2JE The Three Castles Walk: Whitecastle, Multi-Cache

Einmal mehr überqueren Sie den Trothy, lassen die Ortslage **Llanwytherine** (außer Sie wollen im Kings Arms einen Schluck trinken) links liegen

B&B Anne Beavan, Great Tre-Rhew Farm, Llanwytherine, Abergavenny, Monmouthshire NP7 8RA, 01873/821268, trerhew@btopenworld.com 400 m, 6 Betten, ÜF £ 25, £ 1

Der Weg führt direkt über den Friedhof

und folgen der B 4521 500 m bis zur Kapelle St. James the Elder. Dahinter muss wieder über mehrere Zäune geklettert werden, bis ein Hohlweg Richtung Little Pool Hall das Laufen wieder erleichtert.

Knapp 2 km gehen Sie auf einer kleinen Straße mit Steigung. Folgen Sie am Gehöft bei Old Court der Sackgasse ("No Through Road") geradeaus. Der Weg führt an der Cwm Farm bergauf über den Friedhof.

Kirche und Kneipe stammen aus dem 13. Jh., in Letzterer lässt sich zudem gut speisen.

Llangattock-Lingoed

01873

B&B Karen Ball, Old Rectory, Llangattock-Lingoed, Abergavenny, Monmouthshire, NP7 8RR, 821326, www.rectoryonoffasdyke.co.uk, karen@oldrectory.fsnet.co.uk, am Weg, 6 Betten, herrliche Aussicht. ÜF ab £ 26 . Leider kein mehr.

Gegenüber vom Friedhof verkauft Mrs. Jones in ihrem Privathaus Briefmarken und nimmt Pakete entgegen, an der Grundstücksmauer hängt ein Briefkasten. Nehmen Sie sich Zeit, die nette alte Dame freut sich über Gespräche mit Wanderern und findet kleinere Sachen wie Briefmarken nicht so schnell. Mo bis Sa 9:00 bis 12:00, Mo, Do, Fr 14:00 bis 16:15.

Hunter's Moon Inn. Eine Kneipe aus dem 13. Jahrhundert mit BANK. 821499

St. Cadoc's, die Kirche wurde auf keltischen Ruinen gebaut, im Mauerwerk und auf dem Gelände gedeihen seltene Pflanzen und Fledermäuse, tägl. . Mit Picknicktisch für Wanderer und Wasserkocher nebst Tee, Kaffee und Kakao in der Turmstube.

Royal Mail Postbus Service, 01246/546329, von/nach Abergavenny, Llantilio Crossenny und Skenfrith Mo bis Sa 1 x täglich

Traveller's Prayer in St. Cadocs
May the road rise to meet you
May the Wind be always at your back.
May the sun shine warm upon your face
May the rain fall softly upon your fields.
Until we meet again
May God hold you in the hollow of his hand.

(Quelle unbekannt, keltisch)

Über ein paar Stufen verlassen Sie den Ort vorbei an der ehemaligen Schule, überqueren eine Brücke und laufen erhöht zwischen zwei Tälern. Hier ist es meist matschig.Ein letztes Mal wird der Trothy überschritten, bevor es bei der Llanerch Farm eine schlecht markierte Rechts-Links-Kombination an einer Einmündung zu finden gilt.

B&B Janet Ikin, Llanerch Farm, Pandy, Abergavenny, Monmouthshire NP7 8EW, 890432, janetikin@aol.com, am Weg, April bis Okt, 4 Betten, ÜF ab £ 26

Stau am Stile vor Pandy

Die nun folgenden *Stiles* geben dem Wanderer den Rest. Gut, dass Pandy schon in Sichtweite ist.

Pandy

✆ 01873

B&B Lancaster Arms, Pandy, Abergavenny, Monmouthshire NP7 8DW, ☎ 890699, 💻 www.lancaster-arms.supanet.com, ➲ am Weg, 4 Betten über dem Gasthof, ÜF £ 25

♦ Olive Probert, Oldcastle Court Farm, Pandy, Abergavenny, Monmouthshire NP7 7PH, ☎ 890285, ➲ 2 km Richtung Longtown, 6 Betten, ÜF £ 20, ⛺ £ 5, Dusche £ 1

♦ Carol & Keith White, Brynhonddu Country House B&B, Bwlch Trewyn Estate, Pandy, Abergavenny, Monmouthshire NP7 7PD, ☎ 890535, 💻 www.brynhonddu.co.uk, ✉ kdwhite@brynhonddu.co.uk, ➲ 400 m, 6 Betten, ÜF £ 27,50 bei Voranmeldung

♦ Judy Moreland, Ty Clawdd, 47 Werngriffod, Pandy, Abergavenny, Monmouthshire NP7 8RT, ☎ 890513, ✉ judy.mrld@homecall.co.uk, ➲ 400 m, 5 Betten, ÜF £ 22

The Old Pandy Inn, Pandy, Abergavenny, Monmouthshire NP7 8DR, ☎ 890208, FAX 890181, www.theoldpandyinn.co.uk, pandyinn@surfree.co.uk, ➲ 700 m. Bunkhouse mit 28 Betten in 3 Räumen und offenem Kamin. ÜF £ 15,75 inkl. Bettwäsche. Am Wochenende oft von Outdoorern und Survivaltrainern ausgebucht. Gute Küche im Pub. wird unter Pubbesuchern organisiert. Di bis So 12:00 bis 15:00, tägl. 19:00 bis 23:00.

☺ Der Koch bezieht sein Fleisch von einem brillanten Metzger, sogar die Würste sind für Nicht-Briten köstlich. Auf den verschiedenen Wursttellern kringeln sich so große Würste, dass es eher üblich ist, dass man sich den Rest einpacken lässt und am Folgetag mit großem Genuss auf der Hatterhall Ridge verspeist.

The Little Oasis Campsite, Ty Newydd Farm, Pandy, Abergavenny, Monmouthshire NP7 8DR, ☎ 07851/644321 (mobil), www.littleoasispandy.co.uk, thufer47@yahoo.co.uk, ➲ 300 m, Platz für 8 Zelte, £ 5 pro Zweimannzelt nach Monmouth oder Hay £ 20. Alten Dyke-Veteranen ist der Zeltplatz aus den 1980er und 90er Jahren bekannt. Nach dem Tod seiner Frau hatte Bill Evans den Platz geschlossen, jetzt aber auf Drängen vieler alter Gäste wieder geöffnet. Uriger Kerl, immer zu Scherzen und Smalltalk bereit. Zitat: "Off course I hate the English – everybody does!"

♦ Andrew James, Lower Treveddw, Pandy, Abergavenny, Monmouthshire NP7 8DR, ☎ 890678, andrew.james30@btinternet.com ➲ 200 m, Platz für 10 Zelte. Wiese ohne (Wind-)Schatten, keine Dusche, £ 2,50.

Abbey Cars, ☎ 01981/570301, von/nach Longtown und Abergavenny ⌛ Di 1 x täglich

Stolzer Campingplatz-Besitzer

3. Etappe: Hochmoor ohne Ende Pandy bis Hay-on-Wye

28 km, 17 Stiles, Karte 2

Bei **Pandy** vollzieht sich ein plötzlicher Wechsel der Landschaft. Sie lassen Wiesen und Weiden - und damit auch die *Stiles* - hinter sich und steigen zur Hatterhall Ridge, dem Höhenweg der Black Mountains, auf. Die **Hatterhall Ridge** markiert gleichzeitig die englisch-walisische Grenze und den östlichen Rand des **Brecon Beacons Nationalparks**.

Diese hinreißend schöne Etappe ist bei guter Kondition und mildem Wetter an einem Tag zu bewältigen. Sind Sie sich Ihrer Kraftreserven nicht sicher oder verheißt die Wettervorhersage Hitze, Nebel, Sturm oder Gewitter, sollten Sie die Etappe teilen und einem Abstieg den Vorzug geben. Oder Sie weichen vom Offa's Dyke Path ab und wandern im Vale of Ewyas über **Capel-y-Ffin** nach **Hay-on-Wye**. Auch wenn der Weg ausgetreten erscheint, birgt er bei schlechter Sicht Gefahren, besonders an den steil abfallenden Hängen.

Ehemalige Kirche in Pandy

Bei großer Hitze wird das dunkle, feuchte Hochmoor zur Sauna. Llanthony und Capel-y-Ffin auf walisischer Seite sowie das englische Longtown bieten ca. 3 km vom Offa's Dyke Path entfernt weit bessere Übernachtungsmöglichkeiten, als das nahezu unbewachsene und schutzlose Hochmoor. Dort können Sie zu jeder Jahreszeit in übelste Hagelschauer kommen. Die britische Armee nutzt dieses Gebiet zur Ausbildung ihrer Elitesoldaten, Outdoor-Anbieter zum Survival-Training.

🚌 The Offa's Dyke Flyer ist ein Minibus, der Juni bis Aug an Sonn- und Feiertagen 3 x täglich (in Klammern: letzte Zeit) eine Runde von Hay (15:45) über Capel-y-Ffin (16:15), Llanthony (16:30), Cwmyoy, Llanfihangel Crucorney (16:55), Pandy, Clodock, Longtown (17:10) und Craswall (17:25) zurück nach Hay (17:55) fährt. Der Bus hält auch zwischen den Haltepunkten für jeden erschöpften Wanderer, der es noch schafft, den Arm zu heben. Unsichere und schwache Wanderer wählen also vielleicht den Sonntag für diese Etappe. ☏ 01873/853254, 💻 www.visitbreconbeacons.com, £ 3,50, Kinder £ 2,50.

Neben **Lancaster Arms** überwinden Sie ein *Stile* und kommen zu einer Fußbrücke über den Honddu. Vorsicht zwischen dem nächsten *kissing gate* und einem *Stile*, die Bahnlinie Newport-Hereford ist viel befahren. Das Schild "Stop - Look - Listen" gibt präzise Verhaltensanweisungen. Eine kleine Straße führt an der Treveddw Farm vorbei. Kurz dahinter kürzt der Weg den Straßenverlauf durch ein Feld ab. Folgen Sie der - inzwischen stark ansteigenden - Straße durch eine Rechtskurve. Ein Hohlweg bringt Sie einige Höhenmeter später aus dem Farmland zu den offenen Hängen der **Black Mountains**. Der Weg teilt sich hier in unzählige Trampelpfade. Versuchen Sie beim Aufstieg, ein paar Pinien auszumachen, der Weg führt von dort rechts am eisenzeitlichen **Fort Pentwyn** vorbei.

Der erste objektive "Höhepunkt" der Wanderung ist ein trigonometrischer Punkt in 464 m (1.521 Fuß) Höhe bei Koordinate SO315241. Von hier haben Sie eine gute Aussicht weit in die beiden Täler hinein, einschließlich Llanthony Priory.

🌐 Geocache GCZQZM Along the Border, Traditional Cache

Nach 800 m mit wenig Gefälle kreuzen Sie den Fußweg von Llanthony nach Longtown (Koordinate: SO308270). Spätestens hier müssen Sie entscheiden, ob Ihre Zeit-, Proviant- und Kraftreserven für die 20 km bis Hay-on-Wye ausreichen oder ob Sie lieber ins Tal absteigen.

Llanthony ✆ 01873

🛏 Abbey Hotel, Llanthony, Abergavenny, Monmouthshire NP7 7NN, ☎ 890487, FAX 890844, ➲ 3,2 km, 8 Betten, ÜF £ 32,50. Kleines Hotel in den Ruinen der Abtei.

The Wain House, Gruppenunterkunft mit 16 Betten, Küche, Duschen und Feuerstelle. Kleine Wandergruppen können wochentags nach Voranmeldung unterkommen. Ü £ 10 inkl. Feuerholz, Anmeldung über Frau Passmore (⛺) nebenan.

⛺ Cordelia Passmore, Court Farm, Llanthony, Abergavenny, Monmouthshire NP7 7NN, ☎ 890359, 💻 www.llanthony.co.uk, ✉ courtfarm@llanthony.co.uk, ➲ 1 km, ⛺ £ 3 p.P., ✋ nur kaltes Wasser

✕B&B Half Moon Inn, Llanthony, Abergavenny, Monmouthshire NP7 7NN ☎ 890611, ➲ 1,2 km, 15 Betten, ÜF £ 23,50

✝ St. David's Church, tägl. 🚪 Church, die Kirche wurde vermutlich schon 1108 gebaut. Der Altar ist auf den Sonnenaufgang am 1. März (St. David's Day) ausgerichtet.

🌐 Geocache GCXDHV Old Nick, Multi-Cache

Capel-y-Ffin ✆ 01873

B&B⛺ Griffiths Family, The Grange, Capel-Y-Ffin, Abergavenny NP7 7NP, ☎ 890215, ☎ 890157, 💻 www.grangeguesthouse.co.uk, 💻 www.grangetrekking.co.uk, ➲ 2,5 km, 🚪 März bis Nov, 8 Betten, ÜF £ 25, Raum für 20 Zelte, ⛺ £ 5 🚗 💼.

♦ Alice Field, The Barn, Pen-y-Maes, Cape-y-Ffin NP7 7NP, ☎ 890477, 💻 www.thebarn-wales.co.uk, ✉ alice@thebarn-wales.co.uk, ➲ 3 km, 8 Betten, ÜF £ 22,50 💼.

⛺ Capel-y-Ffin, Llanthony, Abergavenny, Monmouthshire NP7 7NP, ☎ 890650, ☎ 0870/7706041, ✉ capelyffin@yha.org.uk ➲ 3,8 km (bei 280 Höhenmetern!), 40 Betten, Senior £ 11, Junior £ 8, ⊗ häufig ausgebucht. ✋ Herberge soll bald geschlossen werden, also unbedingt vorher anfragen.

Longtown

01873

B&B Ivy Pritchard, Olchon Cottage Farm, Turnant Road, Longtown, Herefordshire HR2 0NS, ☎ + FAX 860233, www.golden-valley.co.uk/olchon, ivy@olchon.wanadoo.co.uk, 2 km, 6 Betten, ÜF ab £ 25 zum/vom Pub

B&B Jennifer Hope, Tan House, Longtown, Herefordshire HR2 0LT, ☎ 860221, ☎ 860444, www.camping4us.co.uk, jenny@hopesoflongtown.co.uk, 2 km, 4 Betten, ÜF £ 30, £ 4

✕ Crown Inn, ☎ 860217

⌘ Longtown Castle, frei zugänglich, Eintritt frei. Schöne Burg aus dem Jahr 1180, wahrscheinlich auf den Resten eines Römerforts errichtet.

Abbey Cars, ☎ 01981/570301, von/nach Hereford Mi 1 x täglich sowie von/nach Pandy und Abergavenny Di 1 x täglich

Auf den nächsten 11 km steigt der Offa's Dyke Path leicht an, immer durchs Hochmoor mit seinem schwarzen Boden und kargen Bewuchs Richtung Nordnordwest. Die Hochebene wird breiter und nimmt Ihnen den Talblick. Wie Sie diesen Abschnitt empfinden, ist abhängig von der Jahreszeit, von der Wetterlage und nicht zuletzt von Ihrem Temperament.

Wenn es in den letzten Wochen nicht außerordentlich trocken war, werden Sie sich über von Stein zu Stein hüpfende Wesen amüsieren, die nicht bis zum Knie im Matsch versinken wollen. Im Juli, zur Heidelbeerzeit, werden Sie von naschenden Mitwanderern gebremst. Im August können Sie dort schwitzende Wanderer erleben, die in der sengenden Hitze ihr Gepäck Gramm für Gramm verfluchen und eiskalte Bierchen halluzinieren. An einem nassen oder nebligen Tag reduzieren sich die Gedanken auf das blanke Durchhalten und die Gefahren hier oben.

Der Weg wurde in den vergangenen Jahren durch die vielen Laufsteine deutlich entschärft, er ist an einem sonnigen Tag ein echter Genuss – fällt dieser auf ein Wochenende wird der Weg zur Moorautobahn für unzählige Tageswanderer.

Nur wenige Wegmarken lassen erkennen, dass Sie weiterkommen, es scheint, als liefen Sie auf der Stelle. Einige Steinhaufen, ein trigonometrischer Punkt (610 m/2.010 Fuß), ein weiterer Weg hinunter nach Llanthony, ein anderer nach Osten ins Olchon Valley: Ohne es zu merken, erreichen Sie den

Scheitelpunkt des Kammes auf 703 m (2.306 Fuß) Höhe und damit den höchsten Punkt der Wanderung (Koordinate: SO281308).

Wenn Sie genügend Kraftreserven haben, verhalten Sie sich wie die einheimischen Wanderer, indem Sie unterwegs immer wieder einen Stein aufheben und auf dem nächsten Cairn, so heißen diese Steinhaufen, ablegen.

Vor dem **Pen y Beacon** teilt sich der Offa's Dyke Path. Der "offizielle" Weg führt nach einem steilen Abstieg von etwa 30 m an einem kleinen gemauerten Schuppen und dem **Llech y Llandron** (Räuberstein) rechts zur Abbruchkante und an dieser entlang zügig ins Tal.

Die meisten Offa's Dyke Wanderer gehen allerdings geradeaus zum Pen y Beacon. Dieser trigonometrische Punkt wird landläufig **"Hay Bluff"** genannt und manchmal sogar als solcher in Karten bezeichnet.

Von Hay betrachtet scheint dieser Felsvorsprung der Gipfel des Berges zu sein. Er "blufft", indem er den Blick auf den dahinter weiter leicht ansteigenden Verlauf des Kammes verdeckt.

Abstieg vom Hay Bluff

Unterhalb des Pen y Beacon verliert der Weg zunächst in Serpentinen schnell an Höhe und quert in der Nähe eines Parkplatzes die Straße zum **Gospel Pass**.

An Wochenenden und Ferientagen treffen hier Autoausflügler, Reiter, Mountainbiker, Wanderer und Schafe aufeinander. Das Nachsehen haben meist die Autofahrer, alle anderen können auf das angenehm federnde Gras ausweichen.

Ein Steinquader markiert den weiteren Wegverlauf über die Wiese und an einem Steinbruch vorbei.

⊕ Geocache GCVE69 Tack Wood, Traditional Cache.

Ihr - hier schlecht markierter - Weg führt durch den **Tack Wood** über einen Bach auf die **Cadwgan Farm** zu. Kurz darauf müssen Sie sich wieder an die *Stiles* gewöhnen.

Ohne Vorankündigung öffnet sich Ihnen ein Blick auf Hay und das Wyetal. Achten Sie darauf, östlich der **Upper Dan-y-Fforest Farm** zu bleiben, die Dan-y-Fforest Farm ohne das "Upper" liegt zu weit westlich und dort wohnen mehrere unfreundliche Hunde.

Durch eine ganze Reihe von Feldern (ist der Unterschied zum Hochmoor nicht enorm?) gelangen Sie rasch nach **Cusop**. Die Burgruine, der kleine Wasserfall und die vielfältigen Blüten entschädigen für die heutige Strapaze.

B&B Lower House, Nicky & Pete Daw, Cusup Dingle, Hay-on-Wye HR3 5RQ, ☏ 01497/820773, ☏ 07779/480783 (mobil), 💻 www.lowerhousegardenhay.co.uk, ✉ nicky.daw@btinternet.com, ➲ am Weg, 6 Betten, ÜF ab £ 30. Gemütliches Quartier mit hinreißendem Garten.

♦ W. M. Hughes, Fernleigh, Hardwick Road, Hay-on-Wye HR3 5QX, ☏ 820459, ➲ 800 m, März bis Okt, 6 Betten, ÜF £ 22

♦ Pauline Williams, Vermont, Hardwick Road, Cusop, Hay-on-Wye HR3 5QX, ☏ 821251, 💻 www.stayinhay.co.uk, ✉ info@stayinhay.co.uk, ➲ 100 m, 4 Betten, ÜF £ 25

Hay-on-Wye ist nun nur vier *kissing gates* entfernt.

Der Parkplatz linker Hand beherbergt am oberen Ende die Tourist Information und Toiletten, ☏ 820144, FAX 820015, 💻 www.hay-on-wye.co.uk, post@hay-on-wye.co.uk, Ostern bis Nov 10:00 bis 13:00 + 14:00 bis 17:00, Winter 11:00 bis 13:00 + 14:00 bis 16:00.

Den Weg durch den Ort mag ich Ihnen nicht vorschreiben. Auch wenn der begrenzte Stauraum im Rucksack keinen Kaufrausch zulässt, werden Sie sicherlich eine ganze Weile in den über 30 Buchläden und Antiquariaten herumstöbern, das Schloss besichtigen, eine Übernachtungsmöglichkeit suchen oder Ihre Vorräte auffüllen wollen. Wir treffen uns morgen in der Clyro Street auf der Hay Bridge über den Wye wieder.

Hay-on-Wye

BANK 01497

The Swan at Hay Hotel, Church Street, Hay-on-Wye,HR3 5DQ, ☏ 821188, FAX 821424, 💻 www.swanathay.co.uk, info@swanathay.co.uk, 200 m, 37 Betten, ÜF £ 47,50 bis 72,50

Castle Bookshop in Hay-on-Wye

- Old Black Lion Inn, Lion Street, Hay-on-Wye HR3 5AD, ☎ 820841, FAX 822960, 💻 www.oldblacklion.co.uk, ✉ enquiries@oldblacklion.co.uk, ➲ 400 m, 18 Betten, ÜF £ 42,50 📷
- Kilverts, The Bullring, Hay-on-Wye HR3 5AG, ☎ 821042, FAX 821580, 💻 www.kilverts.co.uk, ✉ info@kilverts.co.uk, ➲ 500 m, 22 Betten, ÜF £ 40 bis 55
- The Firs Guesthouse, Church Street, Hay-on-Wye HR3 5DQ, ☎ 820275, 💻 www.hay-on-wye.co.uk/firs, ✉ thefirsguesthouse@btopenworld.com, ➲ am Weg, 14 Betten, ÜF £ 30
- La Fosse Guest House, Oxford Road, Hay-on-Wye HR3 5AJ, ☎ 820613 + ☎ 0797/1330738 (mobil) 💻 www.lafosse.co.uk, ✉ annabel@lafosse.co.uk, ➲ 150 m, 8 Betten, ÜF £ 25 📷
- Diana & Russell Sime, Seven Stars & Brasserie 11 Broad Street, Hay-on-Wye HR3 5DB, ☎ 820886, 💻 www.theseven-stars.co.uk, ✉ bookings@theseven-stars.co.uk, ➲ am Weg, 21 Betten, Hallenbad, Sauna, ÜF ab £ 34,50 📷

⛺ Baskerville Hall Hotel, Clyro Road, Clyro, Hay-on-Wye HR3 5LE, ☎ 820033, 💻 www.baskervillehall.co.uk,

Historische Stadtführung in Hay-on-Wye

enquiries@baskervillehall.co.uk , 2 km, 146 Betten, ÜF £ 30, Schlafsaal ÜF £ 16, £ 5 einschließlich Dusche und Pool

B&B Rest for the Tired, John & Mary Thomas, 6 Broad Street, Hay-on-Wye HR3 5DB, 820550, www.restforthetired.co.uk, broadstreet.books@btinternet.com, am Weg, 6 Betten, ÜF £ 25 Gemütliches Fachwerkhaus über einer Buchhandlung - der Traum für wandernde Bücherfans!

♦ Jon Field & Sue Newall, The Bear, Bear Street, Hay-on-Wye HR3 5AN, 821302, www.thebearhay.co.uk, jon@thebearhay.co.uk, am Weg, 6 Betten, ÜF ab £ 30. Postkutschenstation aus dem 16. Jh.

♦ Jack & Margaret Jeffries, Winterton, Oxford Road, Hay-on-Wye HR3 5AJ, 821242, jacmar242@homecall.co.uk, am Weg, 5 Betten, ÜF £ 25

♦ Oxford Cottage, Oxford Road, Hay-on-Wye, Powys, HR3 5AJ, 820008, www.oxfordcottage.co.uk, am Weg, 6 Betten, ÜF £ 22 (einfaches Frühstück)

♦ Clifton House, 1 Belmont Road, Hay-on-Wye HR3 5DA, 821618, www.cliftonhousehay.co.uk, post@cliftonhousehay.co.uk, am Weg, 6 Betten, ÜF £ 27,50

♦ Brian Bentley, Handre, Bear Street, Hay-on-Wye HR3 5AN, + FAX 820439, am Weg, Feb bis Nov, 6 Betten, ÜF £ 25

♦ Ken & Gillian Smith, Aldemiro, Forest Road,Hay-on-Wye HR3 5DX, 820488, www.hay on wye.co.uk/aldemiro, aldemiro@supanet.com, am Weg, 3 Betten, ÜF £ 25

Radnors End Camping, Hay-on-Wye HR3 5RS, + FAX 820780, radnorsend@hotmail.com, 100 m, Platz für 15 Zelte, £ 5, Dusche £ 0,10. Direkt an der B 4351

Fish 'n Chips in der Broad Street: gute Cheese- und Beefburger

Café in Hay-on-Wye

- Xtreme OrganiX (XOX), 10 B Castle Street, ☏ 821921: Der Spicy Lamb Burger ist erstklassig.
- Rose & Crown, Broad Street: gemütliches Pub, gute Barmeals, dazu trinkt man Perry (Cider aus Birnen)
- Booksearch Café & Restaurant am Uhrturm ermöglicht Bücherstöbern und Teatime zugleich.
- The Granary, Broad Street, direkt am Uhrturm, ☏ 820790, info@granaryhay.co.uk. Köstlicher Kuchen, 10:00 bis 17:30.
- Border Taxis Luggage Carriage Service, ☏ 01497/821266, grabordertaxis@fsmail.net.
- Crosworthy's, Broad Street, am Uhrturm: gut sortierter Outdoorer
- The Fudge Shop im Craft Centre neben der i, ☏ 821529. Bestes Fudge und andere Leckereien zur Belohnung nach der harten Ridge-Etappe.
- Hay Outdoor Training, ☏ 820426, info@training-activities.co.uk bietet Kanufahrten, Mountain Biking, geführte Wanderungen, Klettertouren und Caving
- Paddles & Pedals, 15 Castle Street, ☏ 820604, Fahrrad- und Kanuverleih.
- Stagecoach, ☏ 01633/485118 von/nach Brecon und Hereford ⌛ Mo bis Sa 7 x täglich, So 3 x täglich
- Roy Browns Coaches, ☏ 01982/552597, von/nach Hereford, Llandrindod Wells und Buith Wells ⌛ Mi, Sa 1 x täglich

The Castle

⌘ Das **Castle** wurde im 12. Jh. von William de Breos II. gebaut und wegen seiner günstigen Lage an der Grenze zu England etliche Male angegriffen.

Bereits 1216 zerstörte König John das Gemäuer weitgehend,

kurz darauf setzte Prinz Llewellyn es in Brand. Zwar baute Henry III. es wieder auf, es fiel aber bereits 1322 und 1453 erneut wütenden Angreifern zum Opfer.

Die verbliebenen Überreste können ungehindert besichtigt werden. Am Eingang der Stadt befindet sich der Castle Book Shop: offene Regale, aus denen Sie sich Tag und Nacht Bücher nehmen können.

Bezahlt wird an einem Einwurfschlitz in der Burgmauer.

4. Etappe: Fernblicke - Hay-on-Wye bis Kington

23,7 km, 30 Stiles, Karte 2 & 3

Den heutigen Tag werden Sie vorwiegend in Wales verbringen. Ein angenehmer Tagesmarsch führt aus dem **Wye Valley** ins Hügelland von **Radnorshire** und bietet erstaunliche Fernblicke.

Hinter der Brücke über den Wye verlassen Sie die Clyro Street und folgen dem Uferpfad.

Wye in Hay-on-Wye

Zur Linken befinden sich die kümmerlichen Reste eines Römerlagers aus der Zeit des Vormarsches ins Wyetal. Nach etwa 1 km entfernt sich der Weg ein wenig vom Ufer und führt nun durch Wiesen und Weiden.

Nach einer Fußbrücke stoßen Sie auf die stark befahrene A 438, der Sie leider 300 m (Richtung Nordost) folgen müssen.

Kann der Blick über Ihre rechte Schulter in das idyllische Wyetal dafür entschädigen?

Von der A 438 führt eine Sackgasse ohne Wegweiser nach Westen ab. Auch diese verlassen Sie bald über ein *Stile* und kommen auf einem ruhigen Fußweg zum Waldrand von Bettws Dingle.

Hier ist es mitunter sehr matschig.

Eine Treppe bringt Sie wieder ans Tageslicht und auf einen nach Nordnordost ansteigenden Fahrweg, dem Sie 1,8 km folgen.

Bei **Bettws Chapel** (in Karten oft als **"Catworthy Court"** bezeichnet) verläuft die Straße weiter nach Osten, der Offa's Dyke Path in nördlicher Richtung.

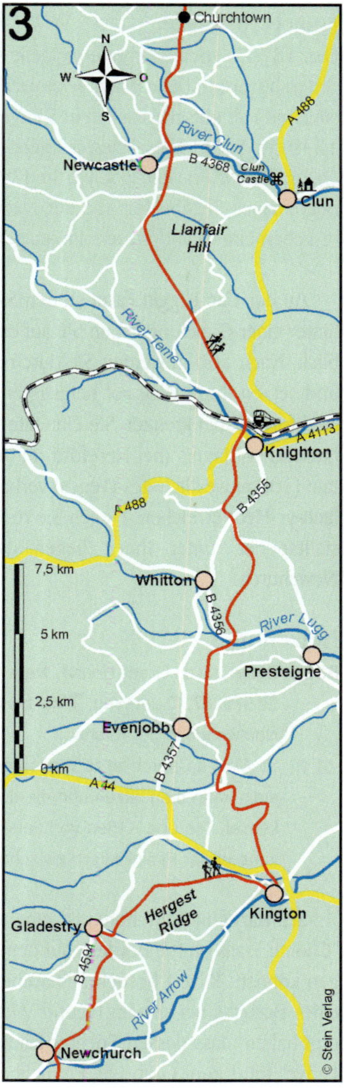

Francis Kilvert

Das 1878 wieder errichtete einfache Gebäude der Bettws Chapel ist für die Briten historisch bedeutsam. Hier predigte Francis Kilvert, obwohl dies für ihn stets mit Fußmärschen aus dem 5 km entfernten Clyro verbunden war. Kilvert, 1840 als Sohn eines Priesters geboren, wurde nach seiner Studienzeit in Oxford selbst Priester in Clyro und erlangte Berühmtheit durch seine 1870 begonnenen Tagebücher, die der Nachwelt das eintönige und unspektakuläre Leben eines Landpfarrers im ausgehenden 19. Jahrhundert erhielten.

An der **Cae Higgin Farm** stoßen Sie auf die Red Lane nach Norden. Kurz hinter einer Gabelung haben Sie auf einem Hügel einen phantastischen Rundblick. Nach 500 m werden Sie durch eine Links-Rechts-Kombination geleitet und setzen Ihren Weg auf befestigten Wegen für weitere 4 km durch Grasland fort. Dabei kreuzen Sie eine alte Römerstraße, die vor knapp zwei Jahrtausenden Magnis (bei Hereford) mit einer Einsiedelei auf dem Little Mountain (300 m westlich des Weges) verband. Kurz bevor Sie die Ansiedlung **Gilfach-yr-Heol** erreichen, biegen Sie rechts ab. Hier ist schon der nächste Aussichtspunkt, unter Ihnen liegen das Flüsschen Arrow und das Dorf **Newchurch**.

Newchurch

☏ 01544

B&B Betty Lloyd, Great House, Newchurch, Kington, Herefordshire HR5 3QF, ☎ 370257, ➲ am Weg, Mai bis Okt, 6 Betten, ÜF £ 23. Sorgt für Keks-Nachschub in der Kirche.

St. Mary's Church ist zu Wanderern sehr gastfreundlich:Rund um den Taufstein kann man sitzen und die dort bereitgestellten Kekse essen. Wasserkessel, Tee und Kaffee vorhanden. Eine schon fast morbide Art von Idylle zaubert der Picknicktisch zwischen den Gräbern.

St. Mary's in Newchurch ist eine Kirche am "A Cleric's Trail," einem der "Church Trails on the Border", auf dem Sie den Spuren von **Francis Kilvert** folgen können. Kilvert besuchte Newchurch regelmäßig. Er muss sich während eines Besuchs bei seinem Freund Vikar Vaugham ungeheuer darüber aufgeregt haben, dass dessen Töchter Lämmer kastrierten. Das Schild "Emmelines Grave" führt zum Grab von Emmeline Vaugham, die nur 14 Jahre alt wurde

Newchurch bei St. Mary´s

Ein Picknicktisch auf dem Friedhof

und Kilverts Liebling war. Die wenigen Gebäude im Ort drängen sich eng an die Kirche; mit einigen Schritten nach Süden gelangen Sie an das liebevoll restaurierte Great House. Dem Fachwerkhaus aus dem Jahr 1490 wird nachgesagt, die breitesten "Crucks" in Wales zu haben, das sind frühe Formen von Holzrahmen, die aus großen geschwungenen Balkenpaaren zusammengefügt wurden, um Wände und Dach gleichermaßen zu stützen.

Sie verlassen Newchurch durch den Hof der Oak Farm Richtung **Gladestry** und folgen dem Weg über eine Brücke bergan auf den Disgwylfa Hill, der Ihnen schon einen kleinen Vorgeschmack auf das offene Moorland der Hergest Ridge gibt. Beim Abstieg müssen Sie darauf achten, den Trampelpfad zur **Hill Farm** zu erwischen.

Hier wird der Offa's Dyke Wanderer freundlich empfangen: Ein handgemaltes Schild über einem Wasserhahn ("It's cool, it's fresh, it's free, ...") lädt dazu ein, einen ordentlichen Schluck zu nehmen und die Trinkflaschen aufzufüllen.

Die Zufahrt zur Farm mündet auf einen Fahrweg, dem Sie wenige Meter nach rechts folgen, bevor es links über ein *Stile* weitergeht.

Der Weg ist hier nicht immer gut zu erkennen. Versuchen Sie, sich schnurgerade nach Norden oder ein paar Grad östlich zu halten, Sie müssten dann nach etwa 500 m eine Straße queren und zum **Fairfields House** (Karte: "Stonehouse Barn") kommen.

Nun gilt es, eine Serie von Feldern nebst *Stiles* zu überwinden, ehe Sie auf einen neuen, breiten Feldweg stoßen.

Spätestens am **Stonehouse**, hinter einem Graben, haben Sie in einer Linkskurve eine feine Aussicht auf die Hergest Ridge. Sie passieren das Vereinsheim der örtlichen Fußballer ("Vale of Arrow Football Club") und erreichen Gladestry auf der B 4594.

Gladestry

✆ 01544

B&B Royal Oak, Gladestry, Kington HR5 3NR, ☏ 370669
www.theroyaloakgladestry.co.uk, ca30chill@aol.com, ➲ am Weg, 4 Betten, £ 27,50 bis 35. Gemütliches Pub mit erstklassigen Barmeals (Allein für die Sandwiches in Gladestry lohnen sich die 284 km!)

♦ Offa's Dyke Lodge, Gladestry HR5 3NR, ☏ 370341, www.offas-dyke-lodge.co.uk, offas-dyke-lodge.co.uk, ➲ am Weg, Vier-Sterne-B&B mit Pool, Ende Feb bis Okt, 6 Betten, ÜF £ 30 bis 35

♦ Alison McMillen, Dyke House, Gladestry HR5 3NT, ☏ 370275, air.mcm@btinternet.com, ➲ am Weg, 2 Betten, ab £ 25. Die Gastgeber sprechen Englisch, Deutsch und Französisch.

♦ Ann Dean, Church Barn, Gladestry HR5 3NT, ☏ 370372, www.churchbarn.info, anndean@tesco.net, ➲ am Weg, 5 Betten, ÜF £ 30

♦ S. Meredith, Lower Wernwilla, Gladestry HR5 3PW, ☏ 370278, ➲ 500 m, 6 Betten, ÜF ab £ 25, £3,50

Wegweiser vor Gladestry

- ♦ Margaret Lloyd, Wain Wen, Gladestry HR5 3NT, ☏ 370226, ➲ 2 km, 4 Betten, ÜF ab £ 20 🚗 (auch vom/zum Pub) 💼
- ♦ June Lloyd, Gobe Farm, Gladestry HR5 3PW, ☏ 370606, 💻 www.gobefarm.co.uk, ✉ lloyd@gobefarm.freeserve.co.uk, ➲ 800 m, 4 Betten, ÜF £ 22,50 🚗 💼 Obstkörbchen zur Begrüßung
- 🚌 Sargeants Brothers (☏ 01544/230481) von/nach Kington ⧗ Di 1 x täglich

Während die Hauptstraße hinter der "königlichen Eiche" einen Bogen nach links macht, setzen Sie Ihren Weg geradeaus auf einer steil ansteigenden schmalen Sackgasse fort.

Noch ein paar Häuser und Sie haben 5 km auf federnden, weichen Torfwegen durch offenes Moorland vor sich. Nehmen Sie den breiten Hauptweg, nicht den tiefer gelegenen an der Hecke.

Wenn sich später der Weg dreiteilt, ist der mittlere richtig.

In regelmäßigen Abständen markieren Holzstäbe den Verlauf des Offa's Dyke Path. Da Sie etwas versetzt zum Höhenzug laufen, ist der Blick nach Süden meist versperrt. Nach Norden können Sie dafür weit ins Land blicken

Der karge **Hanter Hill** bildet einen starken Kontrast zum bewaldeten **Worsell Wood Hill** gleich rechts daneben.

🌐 Geocache GCPVT5 Hergest Ridge, Traditional Cache

Die zwei Teiche dort oben geben ein schönes Fotomotiv ab, besonders wenn ein paar Wildpferde sie als Tränke nutzen.

Ein großer Findling aus der letzten Eiszeit, der **Whet Stone,** etwas nördlich des Weges erleichtert die Orientierung kurz vor dem Gelände der früheren Rennbahn, deren Verlauf immer noch zu erkennen ist.

Kurz vor Kington verlassen Sie die offene Hügellandschaft auf einem Weg mit grobem Geröll durch ein Gatter. Dahinter ist der Weg asphaltiert.

⌘ **Hergest Croft Gardens:** kleiner Park mit Rhododendren, Azaleen und exotischen Bäumen

♦ www.hergest.co.uk, März Sa, So 12:30 bis 17:30, April bis Okt tägl. 12:30 bis 17:30, Mai/Juni tägl. 12:00 bis 18:00, Erwachsene £ 5, Kinder unter 16 frei, für Besucher

Vorbei an **Hergest Croft Gardens** laufen Sie genau auf die Marienkirche zu. Der Offa's Dyke Path wird hier über den Friedhof geführt und stößt erst mit der Church Street auf die Hauptstraße.

Kington ist - neben Hay-on-Wye, Knighton und Prestatyn - so ziemlich das Beste, was Ihnen in punkto Infrastruktur auf dem Offa's Dyke Path passieren wird (für alle anderen guten Einkaufsstädtchen müssen Sie vom Weg abgehen).

Sie werden deshalb wahrscheinlich nicht dem ausgeschilderten direkten Weg folgen wollen. In diesem Fall überqueren Sie an der Gaststätte "The Swan" den Platz mit dem nicht gerade vielsagenden Namen "The Square" und gelangen zur Markthalle und den vielfältigen Läden der High Street.

Kington

BANK 01544

2 Mill Street, Kington, Herefordshire HR5 3BQ, ☏ 230778, www.kingtontourist.info, contact@kingtontourist.info

St. Mary´s Church in Kington

Royal Oak Inn, Church Street, Kington, Herefordshire HR5 3BE, ☏ + FAX 230484, www.kc3.co.uk/royaloak, royaloakkington@btconnect.com, am Weg, 6 Betten, ÜF £ 27,50, gute Barmeals, vielfältiges und köstliches Frühstücksangebot,

B&B Geoff & Patsy Cooper, Southbourne, Kington,Herefordshire HR5 3NF, ☏ 231706, www.southbournebandb.co.uk, southbourne@kayoss.co.uk, 400 m, 6 Betten, ÜF £ 22 £ 2, Dusche £ 1

♦ Anne & Robin Titley, Dunfield Cottage, Kington, Herefordshire HR5 3NN, ☏ 230632, robann@dunfeldcottage.kc3.co.uk, 2 km, 5 Betten, Begrüßungstee, ÜF £ 20

♦ Andrew & Liz Darwin, Church House, Church Road, Kington, Herefordshire HR5 3AG, ☏ 230534, FAX 231100, www.churchhousekington.co.uk, darwin@kc3.co.uk, am Weg, 4 Betten, ÜF £ 30

♦ Esther Rolls & Michael Deacon, Bell Cottage, Church Road, Kington, Herefordshire HR5 3NF, ☏ 230596, er@estherrolls.wyenet.co.uk, am Weg, 5 Betten, ÜF £ 25, £ 5 £ 4 je Füllung

- ♦ Polly Miller, 16 Bridge Street, Kington, Herefordshire HR5 3DL, ☏ 230251, ➲ 400 m, 4 Betten, ÜF £ 30
- ♦ Anna Bohlke & James Burnett-Stuart, Lower Way Farm, Hergest, Kington, Herefordshire HR5 3EN, ☏ 231557, ☏ 07866/518205 (mobil), james@burnett-stuart.demon.co.uk, ➲ 700 m, 4 Betten, ÜF £ 25, £ 2,50, Dusche £ 1
- ♦ Tan House, Tanyard Lane (bei Brücke an der Bridge Street), Kington, Herefordshire HR5 3DX, ☏ 230020, ➲ 400 m, 6 Betten, ÜF £ 27,50
- Kington Youth Hostel, The Old Hospital, Victoria Road, Kington, Herefordshire, ☏ 232745, ➲ 200 m, 31 Betten, So geschlossen. Neu eingerichtete, behindertengerechte Jugendherberge, sehr sauber. Die Zimmer sind freundlicher als der Warden.
- ✕ Hyderabad, 57 Bridge Street, ☏ 231999 macht klasse Curry- und Tikkagerichte, auch zum Mitnehmen.
- Chocolate Box, 36 High Street, ☏ 230737. Süßwarenladen mit Tea Room, Mo, Di, Do, Fr, Sa 9:00 bis 17:15
- Sargeants Brothers, ☏ 01544/230481, von/nach Presteigne ⌛ Mo bis Sa 4 x täglich (1 x über Dolley Green), von/nach Hereford ⌛ Mo bis Sa 13 x täglich, von/nach Hereford und New Radnor ⌛ Mo bis Sa 4 x täglich, von/nach Knighton und Presteigne ⌛ Mo bis Sa 4 x täglich sowie von/nach Gladestry ⌛ Di 1x täglich
- ♦ Lugg Valley Primrose Travel, ☏ 01568/612759, von/nach Pembridge und Leominster ⌛ Mo bis Fr 5 x täglich, Sa 3 x täglich
- Radnor & Shobdon Taxis, ☏ 01568/708822 oder 0774/8833899
- ♦ Kington Taxi ☏ 07906/376213 (mobil)
- KC³ Online Center, 2 High Street, ☏ 231771, training@kc3.net, Mo 10:00 bis 19:00, Di, Do, Fr 10:00 bis 17:00, Mi 10:00 bis 18:00, Sa 10:00 bis 13:00, Mittagspause 13.30 bis 14:00, £ 2 pro Stunde.

⌘ Kington Museum: Nettes Heimatmuseum, von älterem Pärchen geführt, mit Exponaten von Vulkangasherd über Gasmasken aus dem Zweiten Weltkrieg bis hin zum Skelett eines 1930 in Kington gestorbenen Zirkuselefanten.

- ♦ ☏ 231486, ☏ 07974/526397 (mobil), kreeves@beeb.net, April bis Okt Mo bis Sa 10:30 bis 16:00, So 14:00 bis 17:00. Eintritt frei.

Ye Olde House in Kington

Im Café verkauft die alte Dame selbstgebackenen Kuchen.

Small Breeds Farm Park & Owl Centre: In diesem Streichelzoo können Esel, Ponys, Ziegen, Mäuse, Meerschweinchen, Chinchillas, Kaninchen, Enten, Gänse, Schwäne und Schweine besucht werden. Besonders eindrucksvoll sind die verschiedenen Eulenarten.

♦ ☏ 231109, www.owlcentre.com, Feb bis Okt tägl. 10:30 bis 17:30, Nov/Dez 10:30 bis 16:00, £ 5,50, Kinder £ 3,50.

In Kington startet der 48 km lange Mortimer Trail nach Ludlow. Außerdem findet hier jedes Jahr im Juni der Offa's Dyke Run statt, bei dem mehrere Hundert Verrückte den Offa's Dyke Path entlangrennen!

5. Etappe: Der Dyke-Tag - Kington bis Knighton

21,7 km, 71 Stiles, Karte 3

Der Offa's Dyke Path verlässt Kington auf der Crooked Well Lane auf einer Brücke über den Back Brook.

Kington Bradnor Green

Wegweiser

Die dort wohnenden Enten geben mit den alten Cottages ein schönes Fotomotiv ab.

Vorsicht an der verkehrsreichen A 44. Danach geht es geradeaus nach **Bradnor Green** (schöner Blick zurück) hinauf. Um den **Bradnor Hill** kümmert sich der National Trust. Mit 391 m über N.N. liegt hier der höchste Golfplatz Englands. Wenn Sie ihn an seinem östlichen Zipfel betreten, achten Sie auf tief fliegende Golfbälle. Golfer rufen "Fore" als Warnung für Wanderer.

Hinter dem Golfplatz ist der Weg teilweise schwierig zu finden. Peilen Sie die äußerste Ecke des Waldes an, bleiben Sie weit oberhalb des Bungalows und halten Sie sich stets in nördlicher Richtung. Nach einem *Stile* dreht der Weg nach Nordost ab und führt auf den Rushock Hill. Hier treffen Sie endlich wieder auf den Offa's Dyke, der auf dem Rushock Hill einen west-östlichen Verlauf hat. In dieser Gegend können Sie sich auf einige schöne Fern-

Kington, Bradnor Hill

Stile am Bradnor Hill

blicke freuen. Der Offa's Dyke Path biegt scharf links ab, viele Wanderer machen hier einen Abstecher von 220 m nach rechts zu den **Three Shepherds**. So heißen drei im 18. Jh. von den Schwestern Garbett aus Knill Court gepflanzte Eiben: eine weithin sichtbare Wegmarke. Der östlichste Baum starb vor einigen Jahren ab, Mitglieder der Offa's Dyke Association spendeten spontan einen Ersatz. Der war lange Anlass zum gewitzelten "2 ½ Shepherds", bis schließlich auch die zweite Ersatzpflanzung nötig wurde. Es sind nun also ein alter und zwei junge Schäfer.

Der Weg führt vom **Rushock Hill** bergab am linken Waldrand am Knill Garraway Wood entlang und knickt vor dem **Herrock Hill** im rechten Winkel rechts ab.

Ihnen bleibt zwar der Aufstieg zum Gipfel erspart, der anfangs steile Hang ist aber bei schlechtem Wetter auch nicht zu unterschätzen. Auf geringer

Lower Harpton, Ditchyeld Bridge

Höhe folgen Sie dem Pfad entgegen dem Uhrzeigersinn um den Herrock Hill zur Lower Harpton Farm.

500 m laufen Sie auf der B 4362 bis zur **Ditchyeld Bridge**. Diese Brücke aus dem 17. Jh. wurde Ende 1994 durch eine Autobrücke ersetzt und steht unter Denkmalschutz.

An der Weggabelung hinter dem kleinen Cottage wählen Sie den nach rechts geschwungenen Forstweg am Fuß des bewaldeten Burfa Hill.

Old Burfa ist ein über 600 Jahre alter Hof, der in liebevoller Kleinarbeit in den 60er Jahren restauriert wurde. Daran gehen Sie ebenso vorbei wie an dem Neubau und der Straße dahinter, klettern auf den Dyke und folgen ihm bis zum Granner Wood, kurz hinter der Ortsverbindungsstraße von Evenjobb nach Presteigne.

Steil geht es hinauf zur Hilltop Plantation, einem kleinen Wäldchen vor der Pen Offa Farm.

☞ Der Weg liegt vor und hinter der B 4372 auf der östlichen (= linken) Zaunseite, dann hinter dem Steinbruch rechts.

📷 Machen Sie Ihren Fotoapparat startklar, der nächste Abschnitt ist zu allen Jahreszeiten ein beliebtes Fotomotiv. Der Dyke verläuft auf dem Kamm des zum Lugg Valley stetig abfallenden Hügels.

B&B Anne Owens, Gumma Farm, Discoed, Presteigne, Powys LD8 2NP, ☎ 01547/560243, 💻 www.smoothhound.co.uk/hotels/gummafar.html, ✉ anne.owens@farming.co.uk, ➲ 800 m, 🚪 März bis Nov, 5 Betten, ÜF £ 25, ⛺ £ 2 🚗 💼

♦ Bev Edwards, Middle Thorn Farm, Discoed, Presteigne, Powys LD8 2NN, ☎ 01547/560295, ✉ middlethorn@tiscali.co.uk, ➲ 700 m, 2 Betten, ÜF £ 25 💼.

♦ S. E. Thompson, Court Farm, Kinerton, Presteigne, Powys LD8 2PE, ☎ 01547/560333, ✉ horsegames@btopenworld.com, ➲ 4 km, 4 Betten, ÜF £ 25, ⛺ £ 5 pro Zelt 🚗 💼.

An der **Yew Tree Farm** verlassen Sie den Dyke und halten sich auf der Weide ganz rechts, weil Sie den Lugg auf der Dolley Old Bridge überqueren müssen. Einige Meter folgen Sie der B 4356, von **Dolley Green** biegen Sie scharf links auf einen breiten Fußweg ab.

B&B Claire Warrilow, Lower Dolley Farm, Dolley Green, Presteigne, Powys LD8 2EE, ☎ 01547/560430, ✉ reidwarrilow@aol.com, ➲ am Weg, 4 Betten, ÜF £ 25, ⛺ £ 8 pro Zelt 💼

♦ Chris Ruby, Corte Cottage, Norton, Presteigne, Powys LD8 2EL, ☎ 01544/267749, ✉ jack.ruby@waitrose.com, ➲ 800 m, 4 Betten, ÜF £ 22, ⛺ £ 2 🚗 💼

♦ Paul Gerrard, The Old Vicarage, Norton, Presteigne, Powys LD8 2EN, ☎ 01544/260038, 💻 www.oldvicarage-nortonrads.co.uk, ✉ oldvicarage@nortonrads.fsnet.co.uk, ➲ 1,5 km, 6 Betten, ÜF £ 42,50

♦ Heather Hood, Pilleth Oaks, Whitton, Knighton, Powys LD7 1NP, ☎ 01547/560272, 💻 www.pillethoaks.co.uk, ✉ hoods@pillethoaks.co.uk, ➲ 2,5 km, 6 Betten, ÜF £ 26 bis 30 🚗 💼

⛺ Familie Deakins, Rockbridge Park, Presteigne, Powys, LD8 2NF, ☎ 01547/560300, ✉ dustinrockbridge@hotmail.com, ➲ 1,5 km entlang der B4356, Platz für 30 Zelte, ⛺ £ 8 p.P.

Im Frühling blühen am Wegesrand unendlich viele Primeln. Der Weg steigt kontinuierlich an und beschreibt einen weiten Bogen zurück zum Dyke.

Sie können eine ganze Weile auf oder neben dem Dyke entlangwandern.

An der Scheune ("Dutch Barn") biegt zunächst der Dyke, kurz darauf auch der Weg nach rechts ab.

Halten Sie sich südlich vom Zaun und nehmen Sie die Verfolgung wieder auf, sobald der Dyke von rechts auf Ihren Weg stößt.

Nach Norden wandern Sie knapp unterhalb der Kuppe des **Hawthorn Hill**.

Erosionen durch Wind, Wasser und Wanderstiefel haben dem Dyke sehr zugesetzt, er ist zum Teil kaum noch zu erkennen.

Achten Sie in dieser Gegend sorgfältig darauf, sich nicht in Ameisen- und Maulwurfshügeln oder verlassenen Kaninchenlöchern die Knöchel zu vertreten.

Nächster Orientierungspunkt ist ein Obelisk zu Ehren von **Sir Richard Green Price**, einem Lokalpolitiker aus dem benachbarten Norton, der die Eisenbahn nach Radnorshire brachte.

Obelisk zu Ehren von Sir Richard

Der Gedenkstein aus dem 19. Jh., den Sie nach dem Überqueren der B 4355 erreichen, lügt, wenn er in seiner Inschrift "Offa's Dyke, made in the year AD 757" behauptet. Das war das erste Jahr der Regentschaft von König Offa, es ist mehr als unwahrscheinlich, dass er sein Werk so früh vollendet haben sollte, außerdem: Keine historische Quelle legt sich auf ein genaues Jahr fest. Experten der Offa's Dyke Association gehen sogar davon aus, dass der gewaltige Bau - wenn überhaupt - erst 796 beendet war. Keiner weiß, wie es zu dieser Inschrift kam.

Gedenkstein an König Offa

Weg und B 4355 nähern sich bald einander. Folgen Sie der Straße 500 m bis zur Kreuzung mit der B 4357, dort biegen Sie links ab. An der Weggabelung an der Telefonzelle finden Sie an einer Nebenstraße ein *Stile*, hinter dem der gute alte Dyke schon auf die Fortsetzung Ihrer Wanderung wartet.

Der Offa's Dyke Path verläuft nun nordwärts durch eine Vielzahl von Feldern und Weiden. Zum Teil ist von dem Erdwall wenig zu sehen, die ortsansässigen Bauern der vergangenen Jahrhunderte pflügten lieber einen Quadratmeter zu viel als zu wenig. In Zeiten wirtschaftlicher Not war historisches Erbe - wie überall auf der Welt - nicht das höchste schützenswerte Gut.

An der Ostseite des **Frydd Wood** gelangen Sie über den örtlichen Golfplatz nach Knighton. Auf der Frydd Road biegen Sie rechts ab, dann folgen Sie der steilen Larkey Lane zum Knighton Hotel.

Durch einen Torbogen erreichen Sie Broad Street, diese führt bergauf am Uhrturm vorbei zur ehemaligen Grundschule des Ortes in der West Street. Dieses Gebäude wurde bis vor ein paar Jahren auch als Jugendherberge genutzt. Nun ist es ausschließlich Sitz der Offa's Dyke Association, die gleichzeitig die örtliche Tourist Information betreibt.

Sie haben jetzt fast die Hälfte des Offa's Dyke Path geschafft - welcher Ort eignet sich besser für ein "Bergfest" als Knighton, das in Walisisch **Tref y Clawdd**, "Stadt auf dem Dyke" heißt?

Knighton

☎ 01547

In keiner anderen Stadt ist der Wall innerhalb des Stadtgebiets so gut zu erkennen wie am **Offa's Dyke Centre**. Das Informationszentrum bietet eine Ausstellung über die Region und das Grenzgebiet, König Offa und den Dyke. Videoscreens, lebensgroße Figuren und die Möglichkeit, sich mit Stempeln und Wachsmalstiften eine historische Urkunde zu gestalten, machen Geschichte auch für Kinder sehr anschaulich. Der Offa's Dyke Path Wanderer findet dort eine große Auswahl an Wanderkarten, Führern und Andenken. Außerdem gibt es Informationen zum Glyndwr's Way, das sind 206 km Wanderweg durch die schönsten Ecken von Mittelwales auf den Spuren von Owain Glyndwr, dem walisischen Freiheitskämpfer aus dem frühen 15. Jh.

♦ ☎ 528753, http://knighton.hypermart.net, Ostern/1. April bis 31. Oktober täglich 9:00 bis 17:30, 1. Nov bis Ostern/1. April Mo bis Fr 9:00 bis 17:00.

The Knighton Hotel, Broad Street, Knighton, Powys LD7 1BL, ☎ 520530, FAX 520529, www.knightonhotel.com, knightonhotel@hotmail.co.uk am Weg, 27 Betten, ÜF £ 39,50 per Taxi

B&B Dana Simmons, The Fleece House, Market Street, Knighton, Powys LD7 1BB, ☎ 520168, www.fleecehouse.co.uk, info@fleecehouse.co.uk, 200 m, 6 Betten, ÜF £ 27 bis 35, Rabatt für kleines Frühstück

♦ Pat Sharratt, Westwood, Presteigne Road, Knighton, Powys LD7 1HY, ☎ 520317, www.knightonbedandbreakfast.co.uk, bbwestwood@fsmail.net, 400 m, 6 Betten, ÜF £ 25, Begrüßungstee

♦ Jenny Stothert, 15 Mill Green, Knighton, Powys LD7 1EE, ☎ 520075, jaystoth@hotmail.com, 400 m, 4 Betten, ÜF £ 25, £ 2,50, Dusche £ 1

♦ Helen & John Owen, The Kinsley, Station Road, Knighton, Powys LD7 1DT, ☎ 520753, ows@thekinsley.wanadoo.co.uk, 150 m, 8 Betten, ÜF £ 25

Innenstadt von Knighton

♦ P. J. Nicholson, Whytcwm Cottage, 7 George Road, Knighton, Powys LD7 1HF, ☎ 07904/971866, ➲ 150 m, 🚪 April bis Okt, 5 Betten, ÜF £ 18 bis 20 🚗 💼

♦ Olive Waters, Byford, Victoria Road, Knighton, Powys LD7 1BD, ☎ 528822, ➲ 600 m, 6 Betten, ÜF £ 18 💼

♦ Anne Maslen-Jones, 9 West Street, Knighton, Powys LD7 1EN, ☎ 529021, ➲ am Weg, 5 Betten, ÜF £ 22,50 🚗 zum/vom 🚌, 💼

♦ Julia Watts, The Paddocks, Knucklas Road, Knighton, Powys LD7 1UP, ☎ 528544, ✉ julia.watts3@btinternet.com, ➲ 800 m, 2 Betten, ÜF £ 22 💼

♦ Jo & Martyn Davies, Fairview, Knucklas Road, Knighton, Powys LD7 1UP, ☎ 520367, ✉ flintdavies@aol.com, ➲ 400 m, 4 Betten, ÜF £ 22 💼 🅿 für gesamte Wanderung.

♦ Pam & Ivor Davies, Travelly, Knucklas Road, Knighton, Powys LD7 1UP, ☎ 528906, ✉ pamjoandavies@aol.com, ➲ 300 m, 6 Betten, ÜF £ 25 💼 🅿 für gesamte Wanderung. Konfitüre und Brot selbstgemacht, Reiki

🍴 The Spice Knight Balti House (gute indische Küche)

♦ The Horse & Jockey Inn/Nosebags Brasserie, Wylcwm Place, ☎ 520062, 🖳 www.thehorseandjockeyinn.co.uk Kutscherherberge aus dem 14. Jahrhundert, geselliges Bier in der Kneipe an der Straße, schmackhaftes Essen bei gepflegtem Ambiente in der Brasserie am anderen Ende des Innenhofs.

☕ Clock Tower Teashop hinter dem Krämerladen Prince & Pugh Ltd.

ℹ The Spaceguard Centre, Llanshay Lane, ☎ + FAX 520247, 🖳 www.spaceguarduk.com, ✉ spaceguard@spaceguarduk.com , 🚪 Mi bis So 10:30, 14:00 und 16:00, Tour dauert 90 Min., £ 5, Kinder bis 15 Jahre

£ 2,50. Im Alten Powys Observatory können nun Freizeit-Astronomen die Camera Obscura, die Teleskope, die Wetterstation und das Planetarium anschauen.

Whittle Bus, ☏ 01562/820002, von/nach Clun ⌛ Do 2 x täglich sowie von/nach Ludlow ⌛ Mo bis Sa 4 x täglich

♦ Sargeants Brothers, ☏ 01544/230481, von/nach Knucklas ⌛ Mo bis Sa 4 x täglich sowie von/nach Kington und Presteigne ⌛ Mo bis Sa 4 x täglich

Knighton Taxis, ☏ 528165, bietet und für Offa's Dyke Path und Glydwrs Way. Direkt nach Chepstow und Prestatyn sowie in alle Unterkünfte zwischen Hay on Wye und Welshpool.

Schwimmbad ohne alle Extras in der Ludlow Road, ☏ 529187. Mo 10:00 bis 21:00, Di 7:00 bis 22:00, Mi/Do 10:00 bis 22:00, Fr 7:00 bis 20:00, Sa/So 10:00 bis 15:00, Erwachsene £ 2,10, Kinder £ 1,40.

⌘ **Knucklas Castle** wird mit der Hochzeit von König Artus und Guinevere in Verbindung gebracht. Auf den Mauerresten eines eisenzeitlichen Forts wurde diese Burg im 12. Jh. als Grenzbefestigung gebaut, ➲ 4 km.

✞ **St. Edwards Church** ist eine typische Normannenkirche aus dem 11.Jh., angebaut wurde später vorwiegend viktorianische Architektur. Besonderheit: Acht Glocken.

6. Etappe
24,3 km, 69 Stiles, Karte 3 & 4

Nicht aufgeben! - Knighton bis Brompton

Obwohl der Offa's Dyke Path zwischen Knighton und Brompton nie über 425 m über NN ansteigt, haben Sie heute den wohl anstrengendsten Tag vor sich. Selten geht es mehr als ein paar Meter ebenerdig, spätestens mittags werden sich Ihre Waden melden und Sie werden die Strecken bergab noch lauter verfluchen als bergauf. Wer nicht absulut fit und durchtrainiert ist, sollte für diese Etappe lieber zwei Tage mit Übernachtung in Newcastle einplanen.

Hinter dem Offa's Dyke Centre gehen Sie über den Rasen einige Stufen zum Flüsschen Teme hinunter und stromaufwärts links 500 m bis zur Holz-

Ausblick vom Cwm-Sanahan Hill

brücke neben der Eisenbahnbrücke. In einer Blitzaktion wurde die Fußbrücke 1971 mit Hilfe der Armee kurz vor der Einweihung des Offa's Dyke Path gebaut. Vorsicht beim Überqueren der Bahnlinie ("Stop! Look! Listen!").

⛺ Panpunton Farm, Knighton, Powys LD7 1TN, ☎ 528597, einfache, aber saubere Sanitäranlagen, £ 3 pro Person. ✋ Soll geschlossen werden.

🌐 Geocache GCNH0C Devil on Horseback, Traditional Cach.

Gegenüber der **Panpunton Farm** sind in nur einem halben Kilometer 120 Höhenmeter zu bewältigen. Dieser Anstieg kann Sie nach einem reichhaltigen britischen Frühstück bei Start in Knighton fast aus den Latschen hauen. Sie folgen dem blauen Pfeil bergauf, auch über den Feldweg hinweg.

Oben angekommen warten der Dyke, eine Roy Waters gewidmete Steinpyramide, eine Bank zum Gedenken an Frank Noble und ein hinreißender

Path bei Cwm-Sanaham Hill

Blick auf Knighton und das Temetal auf Sie. Bei guter Sicht können Sie sogar das Viadukt mit der Eisenbahnlinie bei Knucklas sehen.

Die Herren Noble und Waters waren maßgeblich an Idee und letztendlicher Eröffnung des Offa's Dyke Path beteiligt.

Der Weg verläuft ab dem **Panpunton Hill** 2 km etwas unterhalb des Dyke links von Zaun und Wäldchen. Auf der Höhe, unterbrochen durch ein Tal, umrunden Sie den steilen Abhang zum Temetal und erklimmen den **Cwm Sanaham Hill**. Von diesem Hügel bietet sich eine neue Aussicht, diesmal in Laufrichtung auf den Llanfair Hill.

Kurz vor einem trigonometrischen Punkt werden Dyke und Path nach Norden fortgeführt. Wo der Zaun nach rechts abbiegt, halten Sie sich halbrechts, klettern über ein *Stile* und nehmen den linken, steilen Weg hinab zur **Brynorgan Cottage**.

Bei feuchtem Wetter ist dieser Abstieg eine gefährliche Schlitterpartie. Lassen Sie hier jedem entgegenkommendem Wanderer den Vortritt, er wird so atemlos sein, dass er Sie nur mit Mühe wahrnimmt. Auf dem Dyke, über zwei Fußbrücken und eine kleine Straße geht es kontinuierlich nach Nordnordost weiter, auch wenn einige Feldwege und Sträßchen verlockender erscheinen als die Kletterei über *Stiles*, Geröll und matschige Bäche. Halten Sie genau auf **Garbett Hall** und **Garbett Villa** zu, hier haben Wanderer die Möglichkeit, ihre Wasservorräte kostenlos aufzufüllen.

B&B Dilys Waters, Bryn Heulog Guest House, Llanfair Waterdine, Knighton, Powys LD7 1TU, ☏ 01547/528155, ☏ 07979/190663 (mobil), www.4hotels.co.uk/uk/hotels/brynheulog.html, bryn.heulog@bednbreakfast.co.uk, ➲ 1,5 km, 14 Betten, ÜF £ 25 bis 30 P für gesamte Wanderung. Wer freundlich anfragt, darf auch zelten.

♦ Marilyn Tippett, The Mill, Lloyney, Knighton, Powys LD7 1RG ☏ 01547/528842, www.lloyneymill.co.uk, lloyneymill@btinternet.com, ➲ 2,2 km auf dem Jack Mytton Way, 6 Betten, ÜF £ 25.

♦ J. Williams, Monaughty Poeth, Llanfair Waterdine, Knighton, Powys LD7 1TT, ☏ 01547/528348, Mai bis Okt, ➲ 2 km, 4 Betten, ÜF ab £ 25.

♦ A. M. Hoyle, Belmont Cottage, Knucklas, Knighton, Powys LD7 1PP, ☏ 01547/529244, ➲ 2 km, ÜF £ 26, Begrüßungstee

Nun beginnt einer der schönsten Abschnitte des Offa's Dyke Path, genießen Sie die Landschaft um **Llanfair Hill** und **Springhill**. Am Llanfair Hill, etwa 2 km hinter der Garbett Hall verlassen Sie den Dyke und laufen parallel dazu auf einem Feldweg weiter, der auf Höhe der Springhill Cottage leicht nach rechts schwenkt. An der folgenden Kreuzung wenden Sie sich nach rechts, gehen an der **Springhill Farm** (⛺ + B&B) vorbei und steigen auf der linke Straßenseite am Wäldchen hinab ins Cluntal. Ein Zaun trennt Dyke und Pfad, Letzterer verläuft auf einem matschigen Feldweg. Kurz darauf kommen Sie an ein Gatter, dahinter können Sie wieder auf dem Dyke laufen. Das einsame Haus links im Tal heißt "The Scotland" und wird von einer indischstämmigen Familie bewohnt. Und das an der Grenze von England und Wales!

Der Anblick des weiteren Streckenverlaufs hinab zum Fluss Clun und wieder hinauf zum Graig Hill sollte Sie nicht entmutigen. Das wird nicht anstrengender als die heute bereits zurückgelegte Strecke und - wenn alle Stricke reißen - bieten sich in Newcastle und Clun Übernachtungsmöglichkeiten. Der

Dyke am Llanfair Hill

Weg führt schnurstracks durch einige Felder und Weiden, an der **Lower Sproad Farm** trifft er auf die B 4368. Links geht es nach Newcastle, rechts nach Clun.

Newcastle-on-Clun

☎ 01588

B&B Ingrid Evans, Springhill Farm, Newcastle-on-Clun, Craven Arms, Shropshire SY7 8PE, ☎ + FAX 640337, www.springhill-farm.com, am Weg, 8 Betten, ÜF £ 20, £ 3,50, + Trockner Füllung £ 2,50. Das Schild am Zaun stimmt nicht mehr, Getränke gibt es nur für Übernachtungsgäste.

♦ Phyllis Reynolds, Newcastle Hall, Newcastle-on-Clun, Craven Arms, Shropshire SY7 8QL, ☎ 640350, 1 km, 6 Betten, ÜF £ 25, £ 4,50, per Taxi, Begrüßungstee. Die alte Dame ist schon über 80, kümmert sich aber noch perfekt um ihre Gäste. Bestellen Sie ihr bitte ganz liebe Grüße von mir.

♦ ✕ Crown Inn, Newcastle-on-Clun, Craven Arms, Shropshire SY7 8QL, ☎ 640271, www.crown-newcastle.com, burtonanthony@btconnect.com + crown.inn@btconnect.com,

➲ 1 km, 4 Betten, ÜF £ 25, gute Bierauswahl, leckere aber nicht eben preiswerte Barmeals.

♦ Michelle Evans, The Quarry House, Church Road, Newcastle-on-Clun, Shropshire SY7 8QJ, ☏ 640774, ☏ 07979/908837 (mobil), www.quarry-house.com, michelle@quarry-house.com, ➲ am Weg, 6 Betten, ÜF £ 23,50, Begrüßungstee

Ashgrove Camping, Malcolm & Viola Jones, Mill Road, Newcastle-on-Clun, Craven Arms SY7 8QN, ☏ 640441, www.ashgrovecamping.co.uk, office@ashgrovecamping.co.uk. £ 3 p.P., Duschen £ 1

Whittle Bus, ☏ 01562/820002, von/nach Clun, Ludlow, Craven Arms und Bishops Castle ⌛ Mo bis Fr 2 x täglich, von/nach Knighton Do 2 x täglich sowie von/nach Newcastle und Newtown ⌛ Di 1 x täglich

♦ Royal Mail, ☏ 08457/740740, von/nach Clun ⌛ Mo, Di, Do, Fr 2 x täglich

Geocache GCGQZZ Open to Offas, Traditional Cache.

Clun

BANK 01588

Clun Garage, High Street, ☏ 640220, www.clun.org.uk

Clun Mill Youth Hostel, Clun, Craven Arms, Shropshire, SY7 8NY. ☏ 640582, FAX 0870/7705916, ➲ 5,4 km, 24 Betten in einer Mühle, nur Selbstverpflegung, 17.4. bis 13.7. Do bis Di, 14.7. bis 31.8. tägl.

Hurst Mill Farm, Clun, Craven Arms SY7 0JA, ☏ + FAX 640224, www.clunholidays.co.uk, ➲ 5 km. B&B ab £ 25, ab £ 4.

Whittle Bus, ☏ 01562/820002, von/nach Newcastle, Ludlow, Craven Arms und Bishops Castle ⌛ Mo bis Fr 2 x täglich sowie von/nach Clun und Newtown ⌛ Di 1 x täglich

♦ Royal Mail, ☏ 08457/740740, von/nach Newcastle ⌛ Mo, Di, Do, Fr 2 x täglich

Den Fluss Clun überqueren Sie an der **Bryndrinog Farm**, sie ist eines der beliebtesten Fotomotive am Offa's Dyke Path. Sofort hinter der Verbindungsstraße nach Bicton geht es steil bergauf. Gut, dass es dort eine weitere Wasserstelle gibt (auf ausdrücklichen Wunsch einer ✉ Leserin warne ich hier vor Spinnweben).

Kurz geht der Weg hinab in ein kleines Tal, um dann auf dem Dyke noch steiler anzusteigen. Sie bleiben stets höher und östlicher als die Straße zur

Cefn Bronnydd Farm und zur **Bridge Farm**. Der Abstieg ins nächste Tal ist nicht mehr ganz so steil, kann aber unterhalb einer kleinen Quelle morastig werden. Der Zufahrtsweg zur Bridge Farm wird gekreuzt, über eine Fußbrükke und ein *Stile* gelangen Sie an eine T-Kreuzung kurz vor **Mardu**.

Achten Sie darauf, hier ausnahmsweise nicht dem Dyke zu folgen, sondern links abzubiegen und an der nächsten Abzweigung am **Lower Mount Cottage** dem Weg in ein enges Tal hinein nach Nordwesten zu folgen. Durch ein Tor führt der Weg an einer weiteren Gabelung bergauf, steil bergab und erneut bergauf nach **Hergan**.

Überqueren Sie die Straße und wählen Sie nach dem *Stile* den unteren der zwei Wege. Nach wenigen Schritten kommen Sie an einen Punkt des Offa's Dyke Path, der Historikern seit 1.100 Jahren ein Rätsel aufgibt.

Der südliche und der nördliche Dyke laufen hier für 200 Meter in 15 m Abstand parallel. Welchen Sinn hatte das? Was dachte sich Offa bei der Planung? Oder hatten sich zwei Bautrupps im dichten britischen Nebel verfehlt?

In den umliegenden Orten hörte ich am häufigsten die These, dass dieser Doppelwall gezielt als Kontrollpunkt und Schleuse mit solch engem Durchlass für Verhandlungsführer, Gefangenenaustausch oder gar Händler konzipiert wurde.

Der Weg schwenkt leicht nach links ab und führt auf der rechten Zaunseite am Kinderheim in Middle Knuck vorbei durch eine matschige Passage auf die Verbindungsstraße von Knuck Bank nach **Lower Knuck**.

B&B Familie Hall, Spring Cottage, Cefn Einion, Bishop's Castle, Shropshire SY9 5LF, ☏ 01588/638343, 💻 www.hikersandbikers.co.uk, ✉ springcottage@cefneinion.plus.com, ➲ 2 km, 2 Betten, April bis Sep, ÜF £ 23

⛺ Miriam Ellison, New House Farm, Middle Knuck, Mainstone, Clun, Shropshire SY7 8NJ, ☏ 01588/638314, 💻 www.new-house-clun.co.uk, ✉ sarah@bishopscastle.co.uk, ➲ 1,5 km, 10 Stellplätze, Ostern bis Okt, ⛺ £ 5 p.P.

Sie kreuzen diese Straße und wandern nach einem weiteren Anstieg durch Churchtown Wood hinab nach **Churchtown**.

Wer beim Klang des Namens Churchtown an eine Stadt denkt, wird enttäuscht. Außer der Kapelle St. John's und der Churchtown Cottage gibt es hier exakt: nichts! Das ist unter Garantie der Ort, an dem sich der berühmte Fuchs und sein Hase "Gute Nacht" sagen. St. John's bedient die Kirchengemeinde von Maidstone, das fast 2 km östlich liegt.

In dieser abgelegenen Idylle sollten Sie eine Pause einlegen, um sich für einen Aufstieg auf dem Dyke von 100 Höhenmetern auf 400 m Strecke zu stärken. Nach diesem Steigungsstück ist der weitere Weg auf den **Edenhope Hill** nicht mehr ganz so steil. Schon an der Straße fällt der Weg zu dem Flüsschen Unk ab. Wenn Sie die Brücke hinter sich gelassen haben, verbirgt sich im Nut Wood der letzte Anstieg für lange Zeit.

Der Offa's Dyke Path liegt größtenteils am östlichen Waldrand. Fünf weitere *Stiles* müssen überwunden werden, um auf den Fahrweg der **Kerry-Höhe** zu gelangen. Sie bildet gleichzeitig die englisch-walisische Grenze, die hier von West nach Ost verläuft.

Der Offa's Dyke Path bringt Sie nun sanft ins Tal, vorbei an einem hübschen Cottage namens

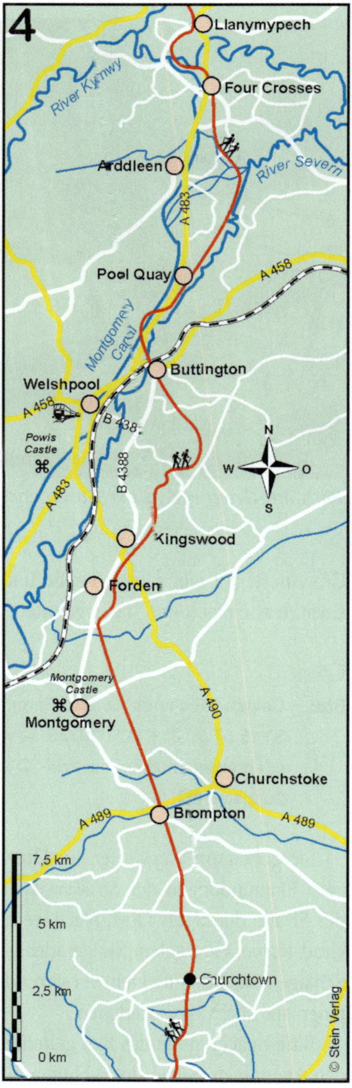

Path am Graig Hill...über Stock und Stein

Crowsnest, auf eine kleine Straße und 300 m später in das kleine Örtchen Cwm, was einfach nur "Tal" bedeutet.

Cwm

✆ 01588

B&B Ceinwen Richards, Drewin Farm, Cwm, Chuchstoke, Montgomery, Powys SY15 6TW, ☏ + FAX 620325, www.offas-dyke.co.uk/drewinfarm, drewinfarm@hotmail.com ➲ am Weg, 6 Betten, ÜF £ 22 bis 25, Begrüßungstee

Sie gehen am Wegweiser zur **Drewin Farm** auf die Straße, ignorieren die zwei Einmündungen der Straßen nach Pantglas und The Pullets und folgen der Straße durch das Dorf. Nach weiteren 300 m macht die Straße eine 90-Grad-Kurve. Hier gehen Sie geradeaus auf das *Stile* am **Mellington Wood** zu. Schlagen Sie sich auf einem verwirrend gespurten Weg links neben dem Campingplatz durch das Wäldchen.

Bitte beachten Sie das hier geltende Rauchverbot und erfreuen Sie sich an den Anemonen, Sumpfdotterblumen oder Glockenblumen, je nach Jahreszeit.

🛏 ⛺ Mellington Hall Hotel, Mellington, Churchstoke, Powys SY15 6HX, ☎ 620456, 💻 www.mellingtonhallhotel.com, ✉ info@mellingtonhallhotel.com ➲ 200 m, 14 Betten ÜF ab £ 45, ⛺ £ 3 In einer von 1851 bis 1876 erbauten viktorianischen Villa.

Durch den Torbogen der Zufahrt nach **Mellington Hall** erreichen Sie die B 4385. Folgen Sie ihr links herum und überqueren Sie nach 300 m den Caebitra River.

Die wenigen Häuser hier waren der Verwaltung keinen Ortsnamen wert: Das Pub, die Villa und die wenigen weiteren Gebäude an der Kreuzung von B 4385 und A 489 wurden kurzerhand "Brompton Crossroads" genannt.

Brompton Crossroads
01686

B&B ⛺ Gaynor Bright, Little Brompton Farm, Montgomery, Powys, SY15 6HY. ☎ 668371, 💻 www.littlebromptonfarm.co.uk, ✉ gaynor.brompton@virgin.net ➲ 150 m Richtung Norden, 6 Betten, ÜF £ 25, ⛺ £ 2,50, Begrüßungstee, Füllung £ 3, P für Zeit der Wanderung.

✕ Blue Bell Inn.

🚌 Mid Wales Motors, ☎ 01686/626345, von/nach Newtown ⌛ Di, Sa 1 x täglich

♦ Tanat Valley Coaches, ☎ 01691/780212, von/nach Churchstoke, Montgomery, Forden, Kingswood und Welshpool ⌛ Mo bis Sa 3 x täglich.

♦ Minsterley Motors, ☎ 01743/791208, von/nach Bishop's Castle und Newtown ⌛ Di 1 x täglich

7. Etappe: Immer geradeaus - Brompton bis Buttington
19,8 km, 83 Stiles, Karte 4

Dyke und Path verlaufen nun etwa 6 km schnurgerade nach Nordnordwest, dann weitere 4 km ebenso geradeaus nach Nordnordost. Sie können heute also kaum verloren gehen, bis zum Green Wood innerlich auf "Autopilot" schalten und die Landschaft genießen. Die Strecke ist dennoch nicht zu unterschätzen, allein die 83 Stiles (mehr als bei jeder anderen Etappe) schlauchen ganz ordentlich. Am **Blue Bell Inn** überqueren Sie die A 489 und folgen der B 4385 weitere 100 m bis zur Zufahrt zur Brompton Hall. Auf Höhe des Gebäudes klettern Sie über ein *Stile* und gelangen auf einen deutlich erkennbaren Weg auf der Westseite des Dyke.

Nach 500 m passieren Sie **The Ditches**, eine kleine Farm, 800 m und zwei Fußbrücken später überqueren Sie die Verbindungsstraße von Pen-y-bryn Hall und Gwarthlow. Dahinter geht es leicht bergab, dadurch haben Sie eine schöne Aussicht auf den Corndon Hill und den Kerry Hill. Die ungleichmäßige Höhe und Breite in diesem Abschnitt hat der Dyke nicht etwa betrunkenen Baumeistern, sondern Heimsuchungen pflügender Bauern zu verdanken.

Drei Felder hinter der Verbindungsstraße kommen Sie zu einem Wäldchen. Hier laufen Sie rechts an einem Feldweg über ein Cattle Grid (eine mit einem Gitterrost bedeckte Grube, die einen Durchlass zu einer Weide für Fahrzeuge und Fußgänger ermöglicht, wegen der breiten Lücken im Rost kann das Vieh hier nicht drüber) und bleiben rechts von Dyke und Wald. Dieser gehört zum **Lymore Park**, der sich vom Dyke bis an den Ortsrand von Montgomery erstreckt. Wer in Montgomery einkaufen oder übernachten will, biegt links in den Weg am Waldrand ab.

Montgomery ist ein liebenswertes und sauberes Marktstädtchen. Selbst die öffentlichen Toiletten auf der Rückseite der Town Hall am Markt sind überdurchschnittlich gepflegt. Rund um den Marktplatz (Broad Street) geben Schilder an den Häuserwänden detailliert Auskunft zur Stadtgeschichte.

Montgomery

⊞ 🏠 ✉ 🚌 BANK (ohne Geldautomat!) ✆ 01686

🛏 Dragon Hotel, Market Square,Montgomery, Powys, SY15 6PA (neben der Stadthalle), ☎ 668359, 💻 www.dragonhotel.com, ✉ reception@dragonhotel.com ➲ 1,5 km, 28 Betten, Pool, Sauna, ÜF £ 43,75 – 61 💳, ☺ Geldautomat im Eingangsbereich

B&B Rita Munnery, The Old Stores House, Arthur Street, Montgomery, Powys SY15 6RA, ☎ 668617, ☎ 07816/094338 (mobil), 💻 www.montybandb.co.uk, ✉ rita.munnery@virgin.net ➲ 1,5 km, 6 Betten, ÜF £ 22,50, Begrüßungstee 🚗 💳. Im alten Dorfladen, im Essraum hängen noch die Fleischerhaken.

Cottage in Montgomery

- Beryl Williams, The Manor House, Pool Road, Montgomery, Powys SY15 6QY, ☎ 668736, ➲ 1 km, 5 Betten, ÜF £ 20 🚗 🧳. Das Haus der Familie Williams war bis 1936 "House of Correction" (Strafanstalt) für Montgomery.
- Jo & Bruce Lawson, Hendomen Farm House, Hendomen, Montgomery, Powys SY15 6HB, ☎ 668004, FAX 668319, 💻 www.offasdykepath.com, ✉ bruce.lawson@btinternet.com, ➲ 2,5 km, 5 Betten, ÜF £ 23 bis 25 🚗 🧳 zum/vom Weg überall zwischen Knighton und Llangollen.
- Gill Jones, Brynwylfa, 4 Bishops Castle Street, Montgomery, Powys SY15 6PW, ☎ + FAX 668555, ✉ hmdjones@btinternet.com, ➲ 1,2 km, 5 Betten, ÜF £ 25 🧳.
- Linda Whitticase, Llwyn House, Market Square, Montgomery, Powys SY15 6PA, ☎ 668576, ➲ 1,3 km, 6 Betten, ÜF ab £ 22,50 🧳.

✕ The Cottage Inn, Pool Road, ☎ 668348, sehr gute Küche, besonders die Knoblauchchampignons, das indische Huhn und der Hot Chocolate Fudge Cake. Fr/Sa/So Reservierung sinnvoll

☕ Castle Kitchen Café, Broad Stree, Kuchen, kleine Gerichte und Delikatessen.

- The Ivy House Tea Rooms, Church Bank, ☏ 668746, Mo bis Sa 10:00 bis 17:00, So 12:00 bis 17:00
- In Bunners Hardware Store gegenüber vom Museum können Sie fast alles kaufen: Thermoskannen, Blumensamen, Fahrräder, Regenschirme und Benzin.
- Die Countryworks Gallery in der Broad Street bietet seit 1987 neben wechselnden Ausstellungen Kunsthandwerk (Keramik, Textilien, Schmuck, Gemälde) zum Kauf an. Mo bis Sa 10:00 bis 17:30, So 13:30 bis 17:30.
- Tanat Valley Coaches, ☏ 01691/780212, von/nach Brompton Crossroads (Haltestelle "Blue Bell Inn"), Forden, Kingswood und Welshpool ⌛ Mo bis Sa 3 x täglich
- Worthen Travel, ☏ 01743/792622, von/nach Shrewsbury ⌛ Mo bis Sa 3 x täglich sowie von/nach Welshpool ⌛ Mo 2 x täglich

Whittle Bus, ☏ 01562/820002, von/nach Bishop's Castle, Forden und Welshpool ⌛ Mo 1 x täglich

Montgomery Taxi ☏ 07977/589285 (mobil)

✞ St. Nicolas, leider meist verschlossen.

⌘ The Old Bell Museum, Arthur Street, ☏ 668313, niedliches kleines Heimatmuseum.

- Apr bis Sep Mi bis Di - So 10:30 bis 17:00, Mo wenn Feiertag, Eintritt £ 1, Kinder 25 p

⌘ Heinrich III. baute **Montgomery Castle** ab 1223 als Teil seiner Grenzverteidigung, jetzt verwaltet CADW die Ruine (Eintritt frei). Urteilen Sie selbst, was an den Gerüchten wahr ist, dass ein Großteil der an der Burg fehlenden Steine in den Wänden der Privathäuser in Montgomery steckt.

Hinter dem Wäldchen vom Lymore Park haben Sie einen schönen Blick auf Town Hill, Burgruine und Kirche von Montgomery.

Kreuzen Sie die B 4386 und halten Sie sich links von Rownal Covert. "Covert" heißt in diesem Zusammenhang nicht "Dickicht", sondern hat wirklich die Bedeutung "Schlupfwinkel". Für die Angreifer aller Jahrhunderte war dies so ziemlich die letzte Deckung vor Montgomery.

B&B Linda Pritchard, Caemwgal, Pool Road, Montgomery, Powys SY15 6EY, ☎ 668589, 🖳 www.caewgal.co.uk, ✉ cae@mwgal.freeserve.co.uk ➲ 250 m, 4 Betten, ÜF £ 25 ▪.

Vor der **Rownal Farm** halten Sie sich nach einem *Stile* am östlichen Feldrand. Durch zwei Feldtore führt ein schlammiges Sträßchen an zwei alten Häusern vorbei auf ein offenes Feld.

Am Devils Hole kommen Sie zu einer Fußbrücke mit der Aufschrift "Powys Task Force 07: Knighton 1985".

Die ursprüngliche Route führte vor dem Brückenbau im weiten Bogen links auf die Salt Bridge auf der B 4388, eine gute Alternative, sollte Ihnen die Strecke von Devils Hole zum Pound House zu matschig erscheinen.

Sie überqueren am **Pound House** eine Straße, bevor Sie eine steile Böschung erklimmen. Während des Anstiegs schwenkt der Offa's Dyke Path von seiner bisherigen Ausrichtung (Nordnordwest) auf Nordnordost.

Durch mehrere Felder gelangen Sie zu einer Auffahrt, die zunächst parallel zur B 4388 verläuft und später nach Westen in diese mündet.

Forden

✆ 01938

🛏 ✕ The Railway Inn, Forden, Welshpool, Powys SY21 8NN, ☎ 580237, ✉ all@therailwayinn.fslife.co.uk, ➲ 1,4 km, 10 Betten, ÜF £ 25 bis 27,50 🚗 ▪

B&B⛺ Sheila Bright, Church House, Forden, Welshpool, Powys SY21 8NE, ☎ 580353, ➲ 800 m, 6 Betten, ÜF £ 23, ⛺ £ 5 ▪ Frau Bright verwaltet außerdem den Schlüssel zur Kirche (ganz nett: Buntglasfenster von William Morris).

⛺ 🏠 Severn Caravan Park, Cilcewydd Farm, Forden, Welshpool, Powys SY21 8RT, ☎ 580238, 🖳 www.severncaravans.co.uk, ✉ severncp@tiscali.co.uk, ➲ 1,5 km, 15 Betten im Bunkhouse, Ü £ 10, Platz für 17 Zelte, ⛺ £ 5 pro Zelt, Dusche £ 0,20 ▪

🚌 Tanat Valley Coaches, ☎ 01691/780212, von/nach Brompton Crossroads (Haltestelle "Blue Bell Inn"), Montgomery, Kingswood und Welshpool ⌛ Mo bis Sa 3 x täglich.

♦ Whittle Bus, ☎ 01562/820002, von/nach Bishop's Castle, Montgomery und Welshpool ⌛ Mo 1 x täglich

Path bei Forden

500 m laufen Sie am Straßenrand auf die Kreuzung mit der A 490 zu, diese verlassen Sie nach einigen Schritten, wenn Dyke und Path Sie rechts an einem Cottage auf der nördlichen Straßenseite in die Felder zurückbringen. (Bleiben Sie weitere 200 m auf der B 4388, wenn Sie nach **Kingswood** wollen, sie trifft am Ortsausgang wieder auf den Offa's Dyke Path.)

Kingswood

✆ 01938

B&B⛺ Mary Payne, Heath Cottage, Kingswood, Forden, Welshpool, Powys SY21 8LX, ☎ + FAX 580453, ✉ heathcot@bushinternet.com, ➲ am Weg, 6 Betten, ÜF £ 25, ⛺ £ 5

B&B Madeline Taphouse, Pen Offa, Kingswood Lane, Forden, Welshpool SY21 8TR, ☎ 580513, März bis Nov, ➲ am Weg, 2 Betten, ÜF £ 24

⛺ Helen Davies, Rhyd-y-Groes Touring & Camping Park, Pont Rhyd-y-Groes, ☎ 561228, 💻 www.rhyd-y-groes.co.uk, ➲ 200 m, 10 Stellplätze, ⛺ £ 5 p.P.

♦ M. D. Broxton, Edderton Hall Country House, Forden, Welshpool SY21 8RZ, ☎ 580339, 💻 www.eddertonhall.com, ✉ enquiries@eddertonhall.com, ➲ 1 km, 16 Betten, ÜF £ 30-35

Tanat Valley Coaches, ☏ 01691/780212, von/nach Brompton Crossroads (Haltestelle "Blue Bell Inn“), Montgomery, Forden und Welshpool ⌛ Mo bis Sa 3 x täglich.

Der Offa's Dyke Path führt an den Gärten des Ortes entlang auf eine Verbindungsstraße. Nachdem Sie eine weitere Straße überquert haben, laufen Sie einen Kiesweg hoch und links am Zaun entlang. Der Weg führt parallel zur früheren Römerstraße und zum Dyke schnurgerade den Berg hinauf zum **Green Wood**. Am Waldrand, kurz vor dem Gipfel, schwenkt die Straße leicht nach rechts, hier gehen Sie durch das Tor der Greenwood Lodge geradeaus weiter.

Der Wanderweg mündet in einen breiteren Forstweg.

An einer Gruppe von Araukarien (Chilefichten, der englische Name lässt sich leichter merken: "monkey puzzle tree") bietet sich ein Fernblick nach Westen auf das Severntal. Forstarbeiten hinterlassen hier oft schlammige Wege, zurückgelassene Äste und Zweige werden immer wieder zu Stolperfallen für müde Wanderer, die fast den ganzen Tag nur geradeaus gehen mussten.

Sobald der Forstweg wieder abfällt, verlassen Sie ihn zugunsten eines kleineren Weges bergauf. Nach 50 m geht es links über den Dyke, nach weiteren 30 m wieder rechts. Kurz darauf gelangen Sie steil bergab auf eine Kreuzung mit einer Fahrstraße. Dieser folgen Sie rechts bis zu einem Stauwerk, **Offa's Pool**, den Sie zu drei Vierteln umrunden.

Der Offa's Dyke Path bleibt zunächst auf einer Höhenlinie. Erst an dem zweiten Teich steigt er weiter an. Die wenigen, aber glücklichen Februarwanderer finden sich in einem Meer von Schneeglöckchen wieder.

Einem asphaltierten Feldweg folgen Sie 100 m nach Nordwesten, an seinem Scheitelpunkt biegen Sie scharf rechts in einen genau nach Osten führenden befestigten Weg, es geht also noch weiter bergauf. Links von Ihnen liegt nun das Wäldchen Phillip's Gorse.

An der Gabelung wählen Sie keine der beiden offensichtlichen Alternativen. Halten Sie sich geradeaus (Törchen) am linken Feldrain unmittelbar am Waldrand von Phillip's Gorse, an dessen Ende führt der Weg nach einer

Etappe 7: Zwischen Green Wood und Beacon Ring

Linkskurve und vor einem Funkmast auf das **Beacon Ring Hill Fort**, eine prähistorische Hügelfestung, zu. Diese umrunden Sie auf der Westseite, den zweiten Funkmast lassen Sie rechts liegen bzw. stehen.

Durch ein weiteres Wäldchen, die Cwmdingle Plantation, dreht der Offa's Dyke Path langsam auf Nordwest und führt danach über Felder zunächst sachte, dann immer steiler ins Tal. Um **Buttington View** ist der Weg in dem Gewirr von Kleinstraßen nicht immer gut ausgeschildert, den Blick auf Buttington und das Tal des Severn sollten Sie trotzdem genießen. Nach 50 m müssen Sie am Buttington View Cottage nach Südwesten gehen, dann verlassen Sie die Straße über ein *Stile* und setzen Ihren Abstieg nach Norden fort.

Zwischen einem Cottage und der Stone House Farm (Vorsicht: bissige Hunde! Eventuell kleiner Umweg auf den Zufahrtsstraßen nötig) schlängelt sich der Offa's Dyke Path weiter ins Tal.

An einem Bach entlang gelangen Sie an eine Fußbrücke aus Stein. Nun müssen Sie nur noch zwei Felder diagonal schneiden, ein paar Schritte auf der B 4388 gehen und sind schon am südlichen Ortsrand von Buttington.

Am Offa's Dyke Gewerbegebiet verlassen Sie die B 4388 und überqueren zwei Felder, zwei Fußbrücken und die Eisenbahnlinie. So gelangen Sie an der **Buttington Bridge** zur A 458.

Buttington Bridge

Buttington ✆ 01938

B&B△ Mona J. Broxton, Plas Cefn, Heldre Lane, Buttington, Welshpool, Powys SY21 8SX, ☎ 570225, ➲ 1,5 km, 7 Betten, ÜF £ 18, △ £ 1,50 pro Zelt, Dusche £ 0,50. Die süße alte Lady bietet schon seit 1964 (!) B&B an. 🚗 auch zum Abendessen zum Green Dragon, 💼

B&B Kate Evans, Buttington House, Buttington, Welshpool, Powys SY21 8HD, ☎ 553351, 🖳 www.buttingtonhouse.com,

Buttington, Blick nach Westen

✉ enquiries@buttingtonhouse.com, ➲ 250 m, 4 Betten, ÜF ab £ 40, P für Dauer der gesamten Wanderung.

✕⛺ Green Dragon Inn, Buttington, Welshpool, Powys SY21 8SS, ☏ 553076, ➲ 300 m, tägl. ab 18:00, Sa/So auch 12:00 bis 14:00 ⛺ für 12 Zelte auf der Wiese hinter der Kneipe £ 4 p.P.

♦ Arriva Midland, ☏ 01691/652402, von/nach Shrewsbury, Welshpool und Newtown ⌛ Mo bis Sa 4 x täglich.

8. Etappe: Mücken lieben Kanäle - Buttington bis Llanymynech

16,7 km, 48 Stiles, Karte 4 & 5

Heute haben Sie einen entspannenden Tag ohne große Höhenunterschiede vor sich. An Severn und Montgomery Canal entlang laufen die Wanderschuhe fast von selbst.

Je nach Wetterlage und Jahreszeit können Sie sich ganz darauf konzentrieren, lästige Mücken zu verscheuchen und die Reichweite der letzten Tropfen Insektenschutzmittel zu berechnen.

Hinter der Buttington Bridge teilt sich der Offa's Dyke Path für etwa 1 km in zwei Alternativrouten.

Gleich nach der Brücke können Sie rechts zwischen **Severn** und der **Talybont Farm** nach Norden abbiegen. Der Weg führt über zwei Hochwasserschutzwälle (nicht den Dyke!), am Ende des ersten haben Sie einen guten Blick auf Buttington und die Hügel dahinter. Der zweite Damm bringt Sie auf die A 483, die Sie überqueren, bevor Sie rechts herum dem Treidelpfad am Montgomery Canal folgen.

⇔ Alternativ können Sie der A 458 geradeaus bis zum Kreisverkehr **Buttington Cross** folgen. Der Weg führt rechts am Kanal entlang.

B&B⛺ Henia Slack, The Moors Farm, Oswestry Road, Welshpool, Powys SY21 9JR, ☏ 01938/553395, ☏ 07957/882967 (mobil),

💻 www.moors-farm.com, ✉ moorsfarm@tiscali.co.uk, ➲ am (Um)Weg, ÜF £ 40, Rabatt für Gruppenbuchungen, Begrüßungstee, ⛺ £ 5.

Kulturinteressierte können hier links einen Abstecher ins 4 km entfernte Welshpool machen (Linienbus), um dort **Powis Castle** und das Powysland and Montgomery Canal Museum zu besichtigen.

Welshpool

✚ ⚕ 📯 🛒 BANK 🏧 🚆 ✆ 01938

ℹ Vicarage Garden Car Park, ☎ 552043, FAX 554038, ✉ weltic@powys.gov.uk.

🛏 The Royal Oak Hotel, The Cross, Welshpool, Powys SY21 7DG, ☎ 552217, 💻 www.royaloakhotel.info, ✉ relax@royaloakhotel.info, ➲ 3 km, 43 Betten, ÜF £ 40, 🧳 per Taxi.

♦ Westwood Park Hotel, Salop Road, Welshpool SY21 7EA, ☎ 553474, ➲ 2,5 km, 14 Betten, ÜF £ 30. Die Kneipe im Erdgeschoss bietet kein Abendessen für Wanderer an. 🧳

B&B Beti Davies, Tresi-Aur, Brookfield Road, Welshpool, Powys SY21 7PZ, ☎ 552430, ➲ 3,5 km, 6 Betten ÜF £ 20 🚗 🧳

B&B⛺ Joyce Jones, Severn Farm, Welshpool, Powys SY21 7BB, ☎ 555999, FAX 555888, 💻 www.severnfarm.co.uk, ✉ info@severnfarm.co.uk, ➲ 3 km, 10 Betten, ÜF £ 25, ⛺ £ 3,50, Dusche £ 0,50 🚗 🧳

B&B Montgomery House, 43 Salop Road, Welshpool, Powys, SY21 7DX, ☎ 552693, ➲ 2 km, 8 Betten, ÜF £ 20.

♦ Penny Harker, Hafren, 38 Salop Road, Welshpool, Powys, SY21 7EA, ☎ 554112 + ☎ 07979/470600 (mobil), ➲ 2 km, 6 Betten, ÜF £ 20, ⛺ £ 2,50 🚗 🧳

✕ Vor "Andrews Fish Bar" in der High Street stehen die Einheimischen für guten Fisch Schlange.
Edlere Gerichte bietet "The Corn Store", Church Street, ☎ 554614. Außerdem gut: "Heads & Tails Fish Bar" und "Roosters", beide in der Church Street.

🛒 alle Ketten (Spar hat hier sogar von 7:00 bis 23:00 auf); Pethe Powys in der Severn Street ist ein kleiner Laden mit walisischen Artikeln.

🎾 Im Flash Leisure Centre, Salop Road, ☎ 555952, FAX 555953 sind Spaßbad, Sauna, Gymnastikhalle, Fitnessraum und Café zu finden.

Eintritt £ 2,90, Kinder £ 1,50, Mo bis Do 7:15 bis 22:45, Fr 7:15 bis 21:45, Sa 8:00 bis 18:00, So 8:00 bis 19:15.

- National Express, www.nationalexpress.com, von/nach Aberystwyth, Shrewsbury, Birmingham, London tägl. 1
- Tanat Valley Coaches, ☏ 01691/780212, von/nach Brompton Crossroads (Haltestelle "Blue Bell Inn“), Montgomery, Forden, Kingswood Mo bis Sa 3 x täglich sowie von/nach Llanrhaeadr, Llanymynech, Four Crosses und Newtown Mo bis Fr 1 x täglich (nicht in den Schulferien)
- Arriva Midland, ☏ 01691/652402, von/nach Llanymynech, Four Crosses und Oswestry Mo bis Sa 5 x täglich sowie von/nach Shrewsbury, Buttington und Newtown Mo bis Sa 4 x täglich
- Worthen Travel, ☏ 01743/792622, von/nach Montgomery Mo 2 x täglich
- Whittle Bus, ☏ 01562/820002, von/nach Bishop's Castle, Montgomery und Forden Mo 1 x täglich

⌘ **Powis Castle**, Clive Museum and Garden (National Trust).
Dieses im 12. Jh. erbaute Schloss aus rotem Sandstein unterscheidet sich nicht nur in der Farbe von den anderen Castles am Weg: Es ist keine Ruine! Ab 1587 lebte dort die Familie Herbert, durch Heirat einer Herbert-Tochter seit 1784 die Familie Clive, die die indischen Ausstellungsstücke zusammengetragen hat.

Die in den Hang gebauten Gärten begeistern vor allem botanisch, gartenarchitektonisch und historisch interessierte Besucher.

- ☏ 554338, April bis Oktober Mi bis So, Schloss 13:00 bis 16:00, Garten 11:00 bis 17:30, £ 7,50, ermäßigt £ 3,75, nur Garten £ 5/2,50.

The Welshpool & Llanfair Light Railway ist eine Schmalspurbahn aus dem Jahr 1903, die immer noch im Dampfbetrieb fährt.

- t 810441, f 810861, www.wllr.org.uk, 7 April bis Okt, Rückfahrkarte £ 10,80, Kinder £ 5,40 (1. Kind je Erw. frei).

⌘ **Powysland Museum & Canal Centre** in altem Lagerhaus am Kanal:

- Heimatmuseum, ☏ 554656, und Sitz der Montgomery Canal Cruises, ☏ 553271, mit Kanalfahrten, Bootsverleih und schwimmendem Restaurant.

Der Weg führt über das Gelände der Buttington Wharf auf den Leinpfad am Montgomery Canal, der bis Pool Quay Ihr ständiger Begleiter sein wird. Dieser untere Abschnitt ist im Juni fast zugewachsen. Brombeergestrüpp, Wildkräuter und Brennnesseln sind - so nahe an dem stehenden Gewässer - an warmen Tagen ein Paradies für Insekten.

Der Montgomery Canal ist ein Seitenarm des Shropshire Union Canal. Er wurde im Kanalbaufieber des ausgehenden 18. Jh. als Anbindung der walisischen Minen an das mittelenglische Industriegebiet geschaffen. Momentan liegt er brach, soll aber bald wieder als Wasserstraße hergerichtet werden, damit sich auch hier Touristen bei Fahrten mit Narrowboats erholen können.

Wechseln Sie die Kanalseite über die **Ziehbrücke** gegenüber den spärlichen Resten von **Strata Marcella**, einer Zisterzienserabtei aus dem 12. Jh., von der nur noch ein Scheunengebäude erhalten ist. Bis zur **Schleuse** in Pool Quay (2 km) bleiben Sie auf dem Leinpfad. Die sorgfältig restaurierte Schleuse und das Schleusenwärterhaus aus dem Jahr 1820 sind ein beliebtes Fotomotiv bei Offa's Dyke Path Wanderern (☞📷 Seite 138)

Blick vom Montgomery Canal hinab zum Fluss Vyrnwy

Pool Quay

✆ 01938

B&B Myfeda Hamer, Greenbank, Criggion Lane, Trewern, Welshpool SY21 8EE, ☏ 570319, ➲ 1,5 km, 6 Betten, ÜF ab £ 22,50

Wenn Ihnen der Treidelpfad gefällt, können Sie auf ihm bis **Four Crosses** weitergehen. Die offizielle Strecke führt unmittelbar vor der Schleuse rechts über eine Straße bergab auf die A 483, der Sie links etwa 200 m bis zum Ende der Wohnbebauung folgen. Dort gelangen Sie über die (viel befahrene!) Straße, drei *Stiles* und zwei Felder zum Severn.

Nach einer Fußbrücke über einen Bach verläuft der Offa's Dyke Path knapp 5 km auf einer Reihe von Deichen, **Tirymynach Embankment** genannt, er schneidet damit etliche Flusswindungen ab.

Gleich zu Anfang kreuzen Sie die stillgelegte Eisenbahnlinie der Cambrian Railway von Oswestry nach Newtown. Danach können Sie die Auenlandschaft genießen und Schwäne auf dem Severn beobachten. Dieser fischreiche Flussabschnitt ist bei Eisvögeln, Reihern und Anglern gleichermaßen beliebt.

Auf Höhe von **Rhyd-esgyn** (wo all die Funkmasten stehen) laufen Sie auf der Zufahrt zum Upper House kurz parallel zum Hochwasserschutzdeich.

Schleuse in Pool Quay

Wenn der Fluss nach rechts abschwenkt, bleiben Sie auf dem Deich. Sie passieren ein Schütz (so nennt man im Wasserbau einen Absperr- und Stauverschluss zur Regulierung des Durchflusses, hier sind es drei einfache Schütztafeln nebeneinander) und folgen dem Deich im rechten Winkel nach Westen. 200 m nach dieser Ecke treffen Sie auf die **Derwas Bridge**. Am anderen Ende der Brücke queren Sie ein Feld diagonal. Dieses Feld ist bei Hochwasser überflutet, Sie müssen dann den Offa's Dyke Path verlassen, dem Deich bis zur nächsten Ortschaft (**Trederwen**) folgen und an der Neath Bridge zurück auf den Offa's Dyke Path kommen. Hinter dem **Nea Brook House** beginnt ein weiterer Deich, der weitgehend den Offa's Dyke als Fundament hat und Sie in nord-nordwestlicher Richtung schnurgerade nach Four Crosses bringt. Unterwegs kreuzen Sie die B 4393.

An der **Gornel Farm**, schon in Sichtweite zu Four Crosses, halten Sie sich möglichst weit vom Wohngebäude entfernt, hier ist es nicht ganz so schlammig. Sie kommen dann zu einer kleinen Kläranlage, einem Tor und dem ehemaligen Bahnhof.

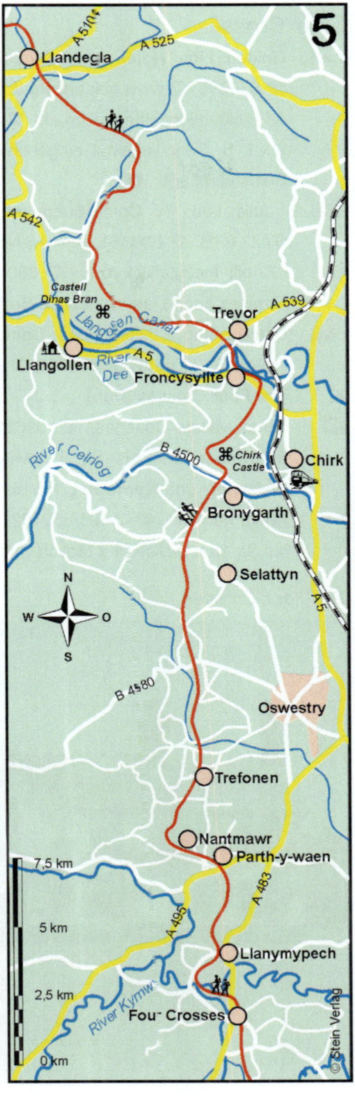

Four Crosses

01991

Golden Lion Hotel, Four Crosses, Llanymynech, Powys, SY22 6RB, 830295, www.goldenlionatfourcrosses.co.uk, goldenlion@themail.co.uk, am Weg, 13 Betten, ÜF 25 bis 30, £ 5. Sehr liebevoll eingerichtete Zimmer, außerdem Blockhütten für Selbstverpfleger.

B&B Julie Lee, Ty Coch Bungalow, Four Crosses, Llanymynech, Powys SY22 6RB, 830361, www.tycochbungalowbandb.co.uk, bill_lee@talk21.com, 800 m an der Verbindungsstraße von Four Crosses nach Llanymynech, 6 Betten, ÜF £ 25, £ 4, Dusche £ 2

B&B Diane Eaton, Lower House, Domgay Road, Four Crosses, Llanymynech, Powys SY22 6SW, 831600, 900 m, 4 Betten, ÜF £ 20 .

The Four Crosses (Pub)

Tanat Valley Coaches, 01691/780212, von/nach Llanymynech und Shrewsbury Mo bis Sa 5 sowie von/nach Llanrhaeadr, Llanymynech, Welshpool und Newtown Mo bis Fr 1 x täglich (nicht in den Schulferien)

♦ Arriva Midland, 01691/652402, von/nach Oswestry, Llanymynech Mo bis Sa 13 x täglich (5 x täglich weiter nach Welshpool).

The Four Crosses

Kreuzen Sie die Zubringerstraße zur B 4393 und folgen Sie dem Dyke bis zur A 483. Biegen Sie links in die Parson's Lane ab. An der Ponty-Person Farm treffen Sie wieder auf den Leinpfad am Montgomery Canal. Nach etwa 1 km liegen die ausgebrannten Reste der **Pentreheylin Hall** rechts des Weges. Kurz danach überqueren Sie auf einem Aquädukt den Vyrnwy.

An den 1987 wiedereröffneten **Carreghofa-Schleusen** markiert das Zollhaus die damaligen Grenzen von Ellesmere Canal und Montgomery Canal.

Die letzten 2 km nach Llanymynech wandern Sie auf dem Treidelpfad parallel zur Canal Road. Über eine Treppe gelangen Sie auf die A 483, dort geht es für den Offa's Dyke Path an der Brücke 92 (das ist vor dem Bootshaus, Treppe hoch!) rechts weiter, zum Einkaufen und Übernachten links. Llanymynech ist ein geteilter Ort, am deutlichsten ist dies im Cross Keys Hotel zu spüren: Das Hotel liegt noch auf englischer Seite, Gehweg und Straße sind schon Wales.

Llanymynech

☎ 01691

The Bradford Arms Hotel, Llanymynech SY22 6EJ, ☎ 830582, www.bradfordarmshotel.com, catelou@tesco.net, 100 m, 15 Betten, ÜF £ 25

♦ Cross Keys Hotel, North Road, Llanymynech SY22 6EA, ☎ 831585, www.crosskeyshotel.info, dmcrosskeyshotel@tiscali.co.uk, 100 m, 26 Betten, ÜF ab £ 25

B&B Jane Jones, Acorn House, Pen-Y-Garreg Lane, Pant, Oswestry SY10 8JS, ☎ 831940, www.acornhousepant.co.uk, enquiries@acornhousepant.co.uk, 800 m, 4 Betten, ÜF £ 25

⌘ Llanymynech Wharf Visitor Centre, Ostern bis Sep So 14:00 bis 16:30, Juli/Aug auch Sa 14:00 bis 16:30. Niedliches kleines Heimatmuseum direkt am Kanal.

Tanat Valley Coaches, ☎ 01691/780212, von/nach Oswestry ⌛ Mo bis Sa 3 x täglich, von/nach Llanrhaeadr, Llanymynech, Welshpool und Newtown ⌛ Mo bis Fr 1 x täglich (nicht in den Schulferien) sowie von/nach Four Crosses und Shrewsbury ⌛ Mo bis Sa 5 x täglich

♦ Arriva Midland North, ☎ 0870/6082608, von/nach Oswestry, Four Crosses ⌛ Mo bis Sa 13 x täglich (5 x täglich weiter nach Welshpool) sowie von/nach Oswestry, Trefonen, Pant und Shrewsbury ⌛ Sa 1 x täglich

- Geocache GCKJX3 The Zodiac Series - Aries, Traditional Cache
- Geocache GCKJX4 The Zodiac Series - Leo, Traditional Cache
- Geocache GCKJXJ The Zodiac Series - Sagittarius, Puzzle Cache, nach Aries und Leo zu lösen.

9. Etappe: Vorsicht: Die Tiere werden größer - Llanymynech bis Chirk

22,4 km, 70 Stiles, Karte 5

Heute lassen Sie die Stechinsekten hinter sich, machen Sie sich aber darauf gefasst, an Grundstücken mit aggressiven Wachhunden und an Weiden mit Jungbullen einen Umweg zu gehen. Es ist eine schöne, aber anstrengende Etappe. Sie sollten nicht versuchen, über Chirk hinauszulaufen, dann wird es Quälerei.

Der A 483 folgen Sie nach der Treppe 150 m nach Norden, dann biegen Sie an einer Straßengabelung in die kleine Straße links ein.

An der nächsten Wegkreuzung wenden Sie sich gegenüber von einem Briefkasten nach Osten. Wenige Meter später dreht der Weg nach Norden und geht steil bergauf.

Auf der Höhe angekommen, gehen Sie an dem ehemaligen Steinbruch und den Darren westwärts.

Llanymynech Rocks

Der ehemalige Steinbruch von Llanymynech ist heute Naturschutzgebiet und Kletterparadies. Im Sommer ist diese geschützte Idylle Heimat vieler kunterbunter Orchideen und Schmetterlinge. Lokale Botaniker berichten voller Stolz von der weltweit größten natürlichen Population der Englischen Mehlbeere. Die über 30 m hohen Felsen locken Kletterer an. ✋ Tunnel nicht betreten, Lebensgefahr!

- Geocache GCK6TJ Fables, Myths and Legends Ogo's Hole, Traditional Cache

Llanymynech Rocks

Der Weg führt über einen Golfplatz

Den Golfplatz von Llanymynech 💻 www.llanymynechgolfclub.co.uk betreten Sie beim 14. Tee. Achten Sie bei Spielbetrieb auf Ihren Kopf ("Fore!") und halten Sie sich möglichst weit links. Zur Orientierung: Der Path verläuft hier oft unmittelbar auf dem Dyke. Die Asterley Rocks bieten eine Aussicht auf die Berwyn Mountains.

Am Ende des Golfplatzes taucht der Dyke ohne Richtungswechsel in ein Waldstück ein. Sie müssen hier ein steiles Gefällestück hinab und kommen auf eine Straße. Wenn diese rechts abknickt, führt der Offa's Dyke Path geradeaus über die stillgelegte Gleisanlage der Tanat Valley Line, eine Fußbrücke und die A 495 hinweg auf Porth-y-waen zu.

Zwischen einigen Häusern hindurch erreichen Sie die Cefn Lane, der Sie 1 km nach Westen folgen. Gegenüber der Cefn Farm nehmen Sie den Weg rechts durch das Feld hinab nach Nantmawr. Hinter dem Wäldchen folgen Sie der Straße nach rechts.

Nantmawr

✆ 01691

B&B J. Braddick, Four Gables, Nantmawr, Oswestry, Shropshire SY10 9HH, ☏ 828708, ➲ am Weg, 6 Betten, ÜF £ 30, Das Ex-Flower-Power-Paar hat auf seinem riesigen Grundstück seit 1980 Garten und Teiche angelegt, für die mancher Gast extra aus Südengland anreist. Hier endet auch die stillgelegte Eisenbahnstrecke, auf der man - so protzt Mr. Braddick - jederzeit bis London käme.

The Engine House Hostel, Graig Gwyn, Nantmawr Quarry, Quarry Lane, Nantmawr, Oswestry, Shropshire, SY10 9HL, ☏ 659358, www.nantmawrquarry.co.uk, 20 Betten, Ü £ 15, nur auf Voranmeldung für Gruppen ab 10 Personen, häufig ausgebucht. Gehört zum Areal der Mountainbike-Rundstrecke.

Tanat Valley Coaches, ☏ 01691/780212, von/nach Oswestry, Trefonen und Treflach ⌛ Mo bis Fr 1 x täglich

Häuser in Nantmawr

Der Weg liegt zwischen Hecken und steigt über zwei Felder rasch an. Sie treffen auf eine kleine Straße, folgen ihr nach links bis zur nächsten Weggabelung, und dort rechts hinauf zum Jones Rough, dem Südhang des Moelydd. Hinter dem Sycamore Cottage führen einige Stufen bergauf. Der Hang steht unter Naturschutz und wird vom Shropshire Wildlife Trust gepflegt.

Das Sandstein-Geröll am Jones Rough beherbergt Lärchen, Eiben und Fichten, Haselsträucher, Orchideen und Nieswurz.

Sie folgen den Wegweisern durch den Wald bis zu einem *Stile*, dahinter geht es durch Farn, über ein Stile und rechts über ein Feld zum nächsten *Stile* und im Uhrzeigersinn auf den Gipfel des Moelydd Uchaf zu. Viele Mountainbike-Spuren verraten, dass dieser Hügel ein beliebtes Ausflugsziel für die Sportler der benachbarten Orte ist. Ein Flaggenmast kennzeichnet den höchsten Punkt (285 m), ein angenehmer Platz für ein Picknick mit Rundblick.

Um den Weg fortzusetzen, gehen Sie in einem 45-Grad Winkel (also gefühlt: zurück!) auf einem Kamm nach Osten den Berg hinab. Der Weg dreht nach Norden und Nordwesten ab und ist hier schlecht beschildert. Falls Sie auf eine Fahrspur stoßen, kreuzen Sie diese nicht, sondern folgen Sie ihr nach links. Vor der **Moelydd Uchaf Farm** korrigieren Sie die Richtung zurück auf Nordosten.

Über Grundstück und Zufahrt der **Ty-Canol Farm** kommen Sie an eine Straße. Etwas nach links versetzt führt der Weg über ein Stile an zwei einzeln stehenden Bäumen und über eine Fußbrücke auf Trefonen zu. Nach der ersten Bebauung, aber noch vor dem Ortskern schwenkt der Offa's Dyke Path nach Norden ab. (Das Sträßchen von rechts ignorieren!)

Trefonen

✉ ⛶ ✆ 01691

B&B The Pentre, Trefonen, Oswestry, Shropshire SY10 9EE, ☏ 653952, 💻 www.thepentre.com, ✉ helen@thepentre.com, ➲ 150 m, 6 Betten, ÜF £ 35,

✕ Efel Inn.

🚌 Arriva Midland North, ☏ 0870/6082608, von/nach Oswestry, Llanymynech, Pant und Shrewsbury ⌛ Sa 1 x täglich

♦ Tanat Valley Coaches, ☏ 01691/780212, von/nach Oswestry, Nantmawr und Treflach ⌛ Mo bis Fr 1 x täglich

Sie überqueren eine Straße und wandern Sie auf dem Dyke nach Tyn-y-coed. Die Pentre-shannel Farm lassen Sie dabei links liegen. Mit dem Dyke kreuzen Sie eine Straße und gehen auf einer zweiten ins Morda-Tal zur alten Mühle von Candy.

Am Haus rechts, am Cottage neben dem Bach sofort wieder links taucht der Offa's Dyke Path in die Candy Woods ein und steigt schnell an. Fast oben schwenkt der Weg kurz auf Südost, um gleich wieder auf Norden zu drehen. Der Dyke liegt rechts von Ihnen.

Durch ein Tor kommen Sie auf einen Forstweg, hier links abbiegen, zwischen Ihnen und dem Wald befindet sich jetzt eine Mauer. Die Felsen am Wegesrand sind witzig geformt, mit etwas Fantasie sind Figuren zu erkennen. Hinter einem Steinbruch wird der Weg breiter und durchquert den **Racecourse Wood**, dieser Wald gehört zur alten Rennbahn von **Oswestry**. Die Tribüne ist noch teilweise erhalten, sonst erinnert nicht viel an die Rennzeit zu Beginn des 18. Jh. bis zur Mitte des 19. Jh. Die modernen Ausflügler werden eher von der Landschaft und einer gepflegten Picknickwiese angelockt. Auf dem Parkplatz gibt es öffentliche Toiletten.

Oswestry

BANK ✆ 01691 ➲ 3 km

i Oswestry Borderland Tourism Limited, www.oswestry-welshborders.org.uk

Sebastians Hotel & Restaurant, 45 Willow Street, Oswestry, Shropshire SY11 2BG, ☏ 655444, www.sebastians-hotel.co.uk, sebastians.rest@virgin.net, ➲ 1,6 km, 17 Betten, Ü £ 32,50, F £ 4,95 (continental) bzw £ 9,95 (full)

B&B Jean Berry-Hart, Llwyn Guest House, 5 Llwyn Terrace, Oswestry, Shropshire SY11 1HR, ☏ 670746, www.virtual-shropshire.co.uk/llwyn, jean@llwynguesthouse.entadsl.com, ➲ 3 km, 6 Betten, ÜF £ 18

♦ Doreen Leggatt, Montrose, Weston Lane, Oswestry, Shropshire SY11 2 BG, ☏ 652063, doreen@doreenleggatt.wanadoo.co.uk, ➲ 3 km, 4 Betten, ÜF £ 18

National Express, www.nationalexpress.com, von/nach Wrexham, Chirk, Llangollen, Shrewsbury, Birmingham, London ⌛ 1 x täglich

♦ Arriva Midlands North, ☏ 0870/6082608, von/nach Shrewsbury ⌛ Mo bis Sa 13 x täglich, So 5 x täglich, von/nach Chirk, Ruabon und Wrexham ⌛ Mo bis Sa stündlich, von/nach Llanymynech, Four Crosses ⌛ Mo bis Sa 13 x täglich (5 x täglich weiter nach Welshpool) sowie von/nach Llanymynech, Trefonen, Pant und Shrewsbury ⌛ Sa 1 x täglich

- GHA Coaches, ☎ 01978/753598, von/nach Chirk ⌛ Mo bis Sa 7 x täglich
- Tanat Valley Coaches, ☎ 01691/780212, von/nach Llanymynech und Aberyswyth ⌛ Juni bis Okt Fr 1 x täglich sowie von/nach Trefonen, Nantmawr und Treflach ⌛ Mo bis Fr 1 x täglich
- Geocache GCKAQJ Shropshire Souvenir Cache 2 – Candy Wood, Traditional Cache
- Geocache GCHTNE Offa the Beaten Path, Multi-Cache
- Geocache GCHNHR A Little Offa Course, Traditional Cache

Die Offa's Dyke Association träumt hier von einem Streckenverlauf genau nach Norden. Der Weg würde über den **Baker's Hill** dicht neben dem Dyke laufen, doch besteht kein *Right of Way* für die Felder auf diesem Hügel und die Eigentümer

Oswestry, Old Racecourse

lassen sich nicht erweichen. So müssen Sie also weiterhin zunächst parallel zur Zufahrtstraße laufen. Nach der Kreuzung mit der B 4580 kommen Sie zur **Carreg-y-big Farm**. Hier treffen Sie wieder auf den Dyke.

B&B ⛺ Ian Rees, Carreg y Big, Selattyn, Oswestry, Shropshire SY10 7HX, ☏ 01691/654754, 💻 www.carreg-y-big.co.uk ✉ ianrees@glsl.com, ➲ am Weg, Reiterhof mit 7 Betten, ÜF £ 25, ⛺ £ 5 pro Zelt, immer Wasser und heiße/kalte Getränke für Wanderer.

B&B⛺ Beryl Tomley, The Quarry, Old Racecourse, Oswestry SY10 7PD, ☏ 01691/658674, Mai bis Sep, ➲ 150 m, 4 Betten, ÜF £ 20, ⛺ £ 3 pro Zelt, Dusche £ 2

Der Dyke ist in diesem Abschnitt gut erhalten, sogar der Graben ist zu erkennen. Durch ein kleines bewaldetes Tal gelangen Sie zur **Orseddwen Farm**. Über die Einfahrt zur Farm entfernt sich der Path vom Dyke und hält etwa 50 m östlich auf den westlichen Waldrand am **Selattyn Hill** zu.

🌐 Geocache GCKZ0H Mr Crewe's Folly, Traditional Cache

Selattyn Hill

Dort geht es über den Kamm nach Westen, dann parallel zum Dyke nach Norden weiter.

Der Abstieg wird steiler, wenn Sie die Zufahrt zum Woodside Cottage erreichen, auf der Sie nach **Craignant** und die B 4579 kommen.

B&B⛺ Kathleen Jones, Craignant Lodge, Selattyn, Oswestry SY10 7NS, ☏ 01691/718229, ➲ 400 m, 4 Betten, ÜF £ 20, ⛺ £ 4 pro Zelt, Dusche £ 0,50 per Taxi.

B&B Maggie Barnes, The Old Rectory, Glyn Road, Selattyn, Oswestry SY10 7DH, ☏ 01691/659708, maggie.barnes.b@btinternet.com, ➲ 2,4 km, 6 Betten, ÜF £ 25 bis 27

Der Verlauf des Weges ist im Ort nicht leicht zu finden. Auf der B 4579 (rechts herum) folgen Sie nach ein paar Schritten einem Sträßchen zum Bach, das zunächst nach Osten und an einem Bauernhaus zurück auf Nordwest schwenkt.

Nach 100 m sind Sie wieder beim Dyke, an dessen Ostseite Sie den Weg nach Norden fortsetzen.

⊕ Geocache GCPF1D Troll's Treasure, Traditional Cache

♦ Geocache GCPF20 Oak'em Poke'm (Mount Wood), Puzzle Cache, lösbar nach Besuch von Troll's Treasure

Auf Höhe des **Mount Wood** ist eine Straße zu überqueren, kurze Zeit später öffnet sich unerwartet ein Blick auf **Chirk Castle**. Doch zwischen der Burg und Ihnen liegt noch das **Nanteris-Tal** mit 100 Treppenstufen. Hinter der Fußbrücke steigt der Weg wieder etwas an.

Immer neben oder auf dem Dyke kreuzen Sie zwei Straßen nach Bronygarth.

Bronygarth ✆ 01691

⛺ John & Sheila Bampfield, Old School, Bronygarth, Oswestry, Shropshire, SY10 7NB, ☏ 772546, ➲ 500 m, 4 Stellplätze, ⛺ £ 3 pro Kopf, Dusche £ 1 Für B&B fühlt sich Sheila inzwischen zu alt, freut sich aber noch sehr über campende Gäste. Gezeltet wird im Gemüsegarten.

Zur Brücke über den Ceiriog geht es immer steiler bergab. Gleich hinter ihr treffen Sie auf die B 4500 nach Chirk. Wer die 1,5 km zum Ort nicht mehr schafft, kann unter ☏ 777755 und ☏ 773535 ein Taxi rufen.

Chirk (Y Waun)

☏ 01691

- The Hand Hotel, Church Street, Chirk LL14 5EY, ☏ 773472, www.chirk.com/hand.html, andyk1003@hotmail.com, 2 km, 25 Betten, ÜF £ 24,50, £ 10 pro Zelt
- Stanton House Hotel, Holyhead Road, Chirk LL14 5PB, ☏ 774150, 1,5 km, 10 Betten, ÜF £ 20
- Chirk Bank Post Office, am Kanal, verkauft neben Briefmarken auch Lebensmittel, Andenken, Landkarten und kleine Snacks.
- The Chirk Tandoori, Bridge Street (guter Inder)
- Ecclestons Confectioners, Church Street. Bäckerei und Konditorei mit hervorragenden Backwaren und Getränketheke
- Das Bridge Inn heißt hier überall nur "The Last Inn", weil unter dem Namensschild "The last in England" steht, direkt am Kanal an Brücke 21.
- National Express, www.nationalexpress.com, von/nach Wrexham, Llangollen, Oswestry, Shrewsbury, Birmingham, London tägl. 1 x täglich
- GHA Coaches, ☏ 01978/753598, von/nach Oswestry Mo bis Sa 7 x täglich
- Bryn Melyn, ☏ 01978/860701, von/nach Llangollen, Froncysyllte und Glyn Ceiriog Mo bis Sa 7 x täglich
- Arriva Midlands North, ☏ 0870/6082608, von/nach Oswestry, Ruabon und Wrexham Mo bis Sa stündlich sowie von/nach Oswestry Racecourse Mi, Sa 1 x täglich
- Geocache GCKPJ1 The Zodiac Series - Libra, Traditional Cache
- Geocache GCKPJ0 The Zodiac Series - Aquarius, Traditional Cache
- Geocache GCKJXJ The Zodiac Series - Sagittarius, Puzzle Cache, nach Aquarius und Libra zu lösen

⌘ **Chirk Castle**. Von Edward I. erbaut, durchgehend bewohnt seit 1330 und größtenteils intakt. Mit bezaubernden Gärten und Falknerhaus.

- ☏ 777701, FAX 774706, www.nationaltrust.org.uk, April bis Okt Mi bis So, Juli/Aug auch Di, 12:00 bis 17:00, im Winter nur am Wochenende 12:00

bis 16:00, Erwachsene £ 7, Kinder £ 3,50, Familie £ 17,50. ☕ in Chirk Castle für Schlossbesucher und am 🅿 für jedermann.

⌘ Das **Chirk Aquädukt** (1801) und **Viadukt** (1846-1848) führen den Llangollen Canal und die Bahnlinie über den Ceiriog River.

10. Etappe: Moorhühner am Ende der Welt - Chirk bis Llandegla

25 km, 21 Stiles, Karte 5

An der B 4500 befindet sich der Südeingang zum Burgpark von **Chirk Castle** (auf Karten: "Castle Mill"). ⇔ Die Sommerroute des Offa's Dyke Path führt neben dem kleinen Torbogen zwischen den Säulen geradeaus in den Park hinein. Im Park folgen Sie den Markierungshölzern mit den weißen Spitzen.

Im Winter (Oktober bis März) sind Burg und Park geschlossen, die offizielle - weil ganzjährig begehbare - Route führt links herum auf schmalen Straßen steil nordwestlich auf die **Crogen Wladys Farm** zu. Wenn Sie Chirk Castle nicht besichtigen wollen und keine Angst vor Hunden haben, sollten Sie die Winterroute nehmen. Duft von wildem Knoblauch liegt in der Luft und Ihr Wander-Outfit wird hier nicht so schräg beäugt wie im Schlosspark.

Hinter der Farm dreht der Weg nach Norden. Ihnen bieten sich Aussichten nach Westen in das Ceiriogtal und (hinter dem *Stile*) nach Osten auf Chirk Castle und die weiten Ebenen des englischen Cheshire.

Der Offa's Dyke selbst verläuft durch den Burgpark und durch einen von exzentrischen Landschaftsgärtnern künstlich angelegten See.

Beide Wegalternativen treffen an einer Straßenecke zusammen. Dort setzen Sie Ihre Wanderung nach Nordosten auf der Straße fort.

Der Turm neben dem Gebäude auf der linken Seite ist ein Dovecote, ein Taubenturm. Eigens zur Taubenzucht gebaut enthält er viele kleine Nischen, in denen die Tauben brüten können. So hatte man ohne viel Aufwand stets einen lebenden Fleischvorrat. Wenn die Straße nach rechts wegdreht, kürzen

Sie den Weg links durch zwei Felder ab. Laufen Sie einfach auf die **Caeaugwynion Farm** zu und vor dort 1 km weiter auf der Straße. Über einen *Stile* führt der Weg nach Osten auf Plas Offa und die viel befahrene A 5 zu.

B&B Lyn Wakefield, Plas Offa Farm, Whitehurst, Chirk, Wrexham LL14 5AN, ☏ 01691/778491, ✉ lynjase@aol.com, ➲ am Weg, 6 Betten, ÜF £ 25

♦ Pat Sutcliffe, Cloud Hill, Pentre, Chirk, Wrexham LL14 5AN, ☏ 01691/773359, 💻 www.bandbnorthwales.co.uk, ✉ akropolis@tiscali.co.uk, ➲ am Weg, 6 Betten, ÜF £ 25

⛺ Gail Lewis, Ty Maen Farm, Pentre, Chirk, Wrexham LL14 5AW, ☏ 01978/823184, ☏ 0777/3209403 (mobil), ➲ 400 m, ⛺ £ 6 pro Zelt 🚗 (auch zum/vom Pub)

Auf der anderen Straßenseite folgen Sie 300 m dem Dyke, müssen ihn dann aber schon wieder verlassen, um rechts auf die Brücke über den **Llangollen Canal** zu kommen.

Der Llangollen Canal ist ein Seitenarm des Shropshire Union Canal. Die Erbauer hatten Größeres mit ihm vor, mussten aber kurz hinter Lllangollen feststellen, dass ein Kanal durch die nordwalisische Hügellandschaft nur unter enormen finanziellen und technischen Kraftanstrengungen zu realisieren ist. Das unter dem Baumeister Thomas Telford 1795-1805 zu einem Preis von damals £ 47.018 errichtete Pontcysyllte Aquädukt nahe Froncysyllte mit seinen 40 m hohen Säulen zeugt von den Mühen der Kanalbauer. Es ist bis heute das größte Kanal-Aquädukt Großbritanniens und beliebtes Fahrwasser für Freizeitkapitäne.

B&B Derek Hughes, Glencoed, Cross Street, Pentre, Chirk, Wrexham LL14 5AN, ☏ 01691/773760, FAX 777340, 💻 www.glencoed.co.uk, ✉ glencoed@croeso.net, ➲ am Weg (Kanal muss unterquert werden), 6 Betten, ÜF £ 20 bis 25 🚗, netter und hilfsbereiter geht's kaum, noch dazu in urigem Gebäude aus dem 18. Jahrhundert.

Hinter der Kanalbrücke biegen Sie links ab und folgen dem Leinpfad 2 km bis zu einer Ziehbrücke. Die langsamen Boote auf dem Kanal haben schon manch einen Offa-Wanderer im nächsten Urlaub wieder in diese Gegend gelockt.

Mehrere Anbieter entlang des Kanals vermieten Narrowboats mit 2 bis 12 Schlafplätzen und allem Wohnkomfort.

Froncysyllte

☎ 01691

B&B L.H. Forbes, Tegfan, Methodist Hill, Froncysyllte, Llangollen, Denbighshire LL20 7SN, ☎ 778016, ➲ 150 m, 6 Betten, B&B £ 19, 6 Plätze im Bunkhouse ÜF £ 14

♦ Anthea Landon, Argoed Farm, Gate Road, Froncysyllte, Vale of Llangollen LL20 7RH, ☎ 772367, llangollen@argoedfm.freeserve.co.uk ➲ am Weg, 6 Betten, ÜF ab £ 25

✕ Samirah Tandoori, Indian Takeaway. Pubs: The Britannia, The Aqueduct, alle an der Holyhead Road.

Bryn Melyn, ☎ 01978/860701, von/nach Llangollen, Chirk und Glyn Ceiriog ⌛ Mo bis Sa 7 x täglich.

✝ St. Davids

Eine Ziehbrücke in Froncysyllte

Pontcysyllte Aquädukt

⇔ Sind Sie schwindelfrei? Dann sollten Sie auf dem Treidelpfad bleiben und dem Kanal über das Pontcysyllte Aquädukt folgen. Auf der anderen Kanalseite führt ein Trampelpfad unter dem Kanal hinunter auf die B 5434.

Ansonsten bringt Sie nach 100 m eine Fußbrücke zunächst auf den Treidelpfad am Südufer, auf dieser Seite befinden sich auch Wasserzapfstellen zum Auffüllen der Trinkflaschen.

Der Weg ist hier schlecht ausgeschildert. Der von der Offa's Dyke Association markierte Weg geht über die Ziehbrücke hinunter auf die B 5434. Die Brücke über den Dee ist der ideale Ort, um die Ausmaße des Aquädukts zu erfassen und auf Fotos festzuhalten.

Beide Alternativstrecken führen nach dem Aquädukt auf eine weitere Fußbrücke über den Llangollen Canal. Durch ein Feld entfernen Sie sich vom Kanal, unterqueren den Bahndamm durch einen Tunnel und suchen sich Ihren Weg zur A 539, auf der Sie 300 m nach Westen gehen. Das Örtchen **Trevor** streifen Sie nur.

Trevor

01978

Bryn Howell Hotel, Bryn Howel Lane, Trevor, Llangollen LL20 7UW, 860331, FAX 860119, 200 m, 70 Betten, ÜF ab £ 60.

Avril Dennis, Oaklands, Llangollen Road, Trevor, Llangollen LL20 7TG, 820152, am Weg, 8 Betten, ÜF ab £ 25

B&B Elaine Gracie, Borrows Rest, 1 Bron-Y-Gamlas, Trevor, Llangollen, Denbighshire LL20 7YQ, 822933, 07977/858022 (mobil), www.borrowsrest.co.uk, m.e.hereinwales@btopenworld.com, am Weg, 6 Betten, ÜF £ 28-33 per Taxi, genau gegenüber vom Telford Inn.

Telford Inn, Station Road; 820469, direkt am Kanal.

GHA Coaches, 01978/753598, von/nach Llangollen und Wrexham Mo bis Sa stündlich, So alle 2 Std.

45-minütige Kanal- und Aquäduktfahrt mit dem Narrowboat Eirlys, 01691/690322, Ostern bis Okt Sa, So, Ferien stündlich ab 14 Uhr, £ 3,50, Kinder £ 2,50.

Geocache GCY1TJ Sir Lamoraks hide – The Knights series

Sobald die A 539 nach links schwenkt, laufen Sie geradeaus die Zufahrt zur Trevor Hall hinauf. Wenn auf der nördlichen Seite dichter Wald beginnt, verlassen Sie die Auffahrt und nehmen den Waldweg nach rechts.

Der Anstieg ist zunächst nicht sonderlich steil, will aber kein Ende nehmen. Irgendwann stehen Sie am Fuß eines Steilstückes, das fast jedem Wanderer den Rest gibt. An seinem Ende fallen Sie aus dem Wald auf eine einsame Straße. Diese führt nach links durch offenes Grasland und Moor. Die Ausschilderung im **Trevor Hall Wood** ist momentan dürftig, der zuständige Lengthman hat eine komplette Überarbeitung von Trevor bis Llandegla für Ende 2007 angekündigt. Hier ist eine Rast meist unvermeidlich. Dieses allgemeine Verhaltensmuster der Wanderer machen sich die Schafe zu eigen, sie grasen mit Blick auf den Picknickplatz. Ist man außer Sichtweite, werden alle Hinterlassenschaften genauestens inspiziert und gefressen, also kein Plastik oder Metall - am besten: gar nichts - zurücklassen.

Prospect Tea Room, Mi bis Fr 12:00 bis 17:00, Sa, So, Fei 10:30 bis 17:30, 500m

Panorama Walk, Aussicht nach einem Cachefund

Der Kontrast vom Wald zum folgenden Streckenabschnitt könnte krasser nicht sein. Die nächsten 5 km trotten Sie gemütlich den Panorama Walk entlang, immer in etwa auf einer Höhenlinie, zuerst westwärts, später nordwärts.

Die Aussicht ins Deetal links, auf die Ruine von Castell Dinas Bran (um 1270 gebaut, bereits Anfang des 16. Jh. zerstört) geradeaus und rechts den Steilhang hinauf ist bei klarer Sicht atemberaubend. An der Ruine ist ein Abstieg nach Llangollen möglich.

- Geocache GCVMY1 Vale View Geocoin Exchange, Traditional Cache
- Geocache GCYKP2 Valley of the Lost Tents, Traditional Cache

In der ersten vollen Woche im Juli findet von Dienstag bis Sonntag das International Eisteddfod statt, zu dem sich Chöre und Volkstanzgruppen aus aller Welt treffen. In dieser Zeit finden Sie im Umkreis von 50 km kein freies Bett, die Unterkünfte sind oft schon ein Jahr im Voraus ausgebucht.

Llangollen

☎ 01978

Town Hall, Castle Street, ☎ 860828, FAX 861563, www.llangollen.org.uk, llangollen@nwtic.com, 10:00 bis 18:00

Hillcrest Guest House, Hill Street, Llangollen, Denbighshire LL20 8EU, ☎ + FAX 860208, www.hillcrest-guesthouse.com, d-rayment@btconnect.com, 3 km, 17 Betten, ÜF £ 25 bis 38

♦ Carol & James Rigby, Cornerstones B&B, 15 Bridge Street, Llangollen, Denbighshire LL20 8PF, ☎ 861569, www.cornerstones-guesthouse.co.uk, 2 km, 10 Betten, ÜF £ 30 bis 35

♦ Cambrian House, Berwyn Street, Llangollen, Denbighshire LL20 8NB, ☎ + FAX 861418 www.cambrianhouse.co.uk, Cambrian.house@virgin.net, 3 km, 24 Betten, ÜF £ 27.

Green Bank Guest House, Victoria Square, Llangollen, Denbighshire LL20 8EU, ☎ 861835, FAX 860775, info@greenbank.uk.com, www.greenbank.uk.com 3 km, 20 Betten, ÜF £ 17,50 bis 35 (8-Bett-Zimmer - Einzelzimmer). Paul hat aus einer Ruine ein Restaurant und Guesthouse gemacht, das seinesgleichen sucht. Das junge Team kocht nicht nur erstklassig (besonders Hähnchengerichte), sondern bietet zudem jede Art von Outdoor-Aktivitäten an.

B&B Veda Williams, Whitegate, Grange Road, Llangollen, Denbighshire LL20 8AP, ☎ 860960, FAX 861699, www.whitegate-llangollen.co.uk, eofw@ whitegate-llangollen.co.uk, 3 km, 6 Betten, ÜF £ 30

Tyndwr Hall, Tyndwr Road, Llangollen, Denbighshire LL20 8AR. ☎ 860330, ☎ 0870/7705932, www.yha.org.uk, llangollen@yha.org.uk, 4 km, 126 Betten, Senior £ 9,15, Junior £ 6,20, Trockenraum, Mountainbike-Verleih, Caving, Kajak, Orienteering

Wern Isaf Farm Camping Site, Wern Road, Llangollen LL20 8Du, ☎ 860632, www.wernisaf.supanet.com, wernisaf@btopenworld.com, 1 km, Raum für 20 Zelte, £ 5, Dusche £ 0,20.

Welsh Country Crafts, Castle Street (walisisches Kunsthandwerk, Glückwunschkarten).

♦ Canal Centre, The Wharf, ☎ 860702 (Schmied, Andenkenladen, Horse-draws trip boats)

- 💻 Internetzugang in der Stadtbibliothek für £ 2/h
- ✕ Galeŝ, Bridge Street (Weinbar), River View Bistro, River Bridge (Landestypisches, z.B. Lauchsuppe), The Gallery Rest, Castle Street/Regent Street (Pizza, Pasta, Steak)
- 🚌 National Express, 💻 www.nationalexpress.com, von/nach Wrexham, Chirk, Oswestry, Shrewsbury, Birmingham, London ⌛ tägl. 1 x täglich
- ♦ GHA Coaches, ☎ 01978/753598, von/nach Ruthin und Corwen ⌛ Mo bis Sa 7 x täglich sowie von/nach Trevor und Wrexham ⌛ Mo bis Sa stündlich, So alle 2 Std.
- ♦ Clwydian Ranger von/nach Prestatyn ⌛ Di, So 1 x täglich
- ♦ Bryn Melyn, ☎ 01978/860701, von/nach Frocysyllte, Chirk und Glyn Ceiriog ⌛ Mo bis Sa 7 x täglich
- ♦ Arriva Cymru, 01745/343492, von/nach Barmouth, Ruabon und Wrexham ⌛ Mo bis Sa 7 x täglich, So 4 x täglich
- 🚗 Taxi ☎ 861999, 861018 und 861107.
- 🌐 etliche schöne Geocaches rund um die Stadt: ein weiterer Grund, hier einen Tag Pause einzulegen.
- ⌘ Lower Dee Exhibition Centre, Mill Street, ☎ 860584, Inland Waterways Exhibition, The Dr. Who Experience, International Model Railway World
- ♦ Plas Newydd, Hill Street, ☎ 861314. Fachwerkhaus, in dem die berühmten Ladies of Llangollen von 1779 bis 1831 lebten, 🚪 April bis Okt tägl. 10:00 bis 17:00, £ 3
- 🚂 Llangollen Railway, ☎ 860979, 💻 www.llangollen-railway.co.uk, gehört zwar nicht zu den Schmalspurbahnen in Wales (Great Little Trains), ist aber eine interessante Museumsbahn. An den vier Haltestellen zwischen Llangollen und Carrog im Vale of Llangollen können Sie mit Ihrem Return-Ticket für £ 5 jederzeit ein- und aussteigen, wenn Sie fotografieren, wandern oder picknicken wollen.
- ⛴ Llangollen Wharf, The Horse Drawn Boat Centre, ☎ 860702, 💻 www.horsedrawnboats.co.uk, 🚪 Ostern bis Okt. Zweistündige Fahrten im Longboat über den Pontcysyllte Aquädukt, motorisiert oder mit Treidelpferden.

Folgen Sie der Höhenstraße unter dem Steilhang an zwei Bauernhöfen vorbei. Hier geht es links zur Vale Crucis Abbey und zu den letzten Unterkünften vor Llandegla. Bei ungünstigem Wetter oder spät nachmittags sollten Sie überlegen, an der Burgruine oder spätestens hier nach Llangollen abzusteigen.

Auf den nächsten 9 km über den steilen Geröllhang und durch das Hochmoor gibt es kaum Witterungsschutz und Übernachtungsmöglichkeiten.

Abbey Grange Hotel, Llangollen, Denbighshire LL20 8DD, ☏ 860753, www.abbey-grange-hotel.co.uk, sevans@netcomuk.co.uk, 2 km, 25 Betten, ÜF £ 17,50

Abbey Farm Caravan Park, Llangollen, Clwyd LL20 8DD, ☏ 861297, FAX 869215, www.abbeyfarmcaravans.co.uk. 1,4 km, £ 2, unmittelbar neben der Vale Crucis Abbey.

⌘ Vale Crucis Abbey (SJ204442). Frühgotische Klosterruine aus dem 13. Jh. Die Steinmetzarbeiten an Portal und Kapitelsaal sind einen Abstecher wert. März bis Sep 10:00 bis 17:00 Erwachsene £ 2, ermäßigt £ 1,50. Im Winter frei zugänglich: 10:00 bis 16:00

♦ Motormuseum, ☏ 860324, www.llangollenmotormuseum.co.uk. Je 23 alte Autos und Motorräder in einer alten Reparaturhalle kurz vor den Horseshoe Falls (SJ206436). April bis Okt, Di bis So 10:00 bis 17:00, Nov bis März, Mi bis So 11:00 bis 16:00.

An der Rock Farm, wo die Straße eine Linkskurve bergab beschreibt, geht der Offa's Dyke Path auf der rechten Straßenseite durch ein Tor mit der Aufschrift "Bryn Goleu" rechts weg.

Für die nächste Passage müssen Sie trittsicher sein, bleiben Sie sonst lieber für weitere 4 km auf dem sicheren Asphalt der Straße, ebenso bei schlechter Sicht.

Durch ein Kerbtal kommen Sie auf einen schmalen Pfad, rechts geht es im 45-Grad-Winkel bergauf, links genauso steil bergab.

Der Weg selbst ist wegen der häufigen Steinschläge nicht immer deutlich zu sehen, Cairns kennzeichnen aber zuverlässig den Verlauf.

Geocache GCQEKJ River of Rocks Earthcache

♦ Geocache GCY0NF Sir Gaheris Moves House – The Knights Series, Traditional Cache

3 km schlängelt sich der Weg durch diese Geröllhalde. Insgesamt drei Hänge werden jeweils durch kleine Täler getrennt. Nach heftigen Regenfällen füllen sich die Bachbetten darin. Nasse Füße sind in diesem Fall meist unumgänglich, versuchen Sie keine waghalsigen Sprünge auf diesem bröseligen Untergrund.

Im dritten Geröllfeld lockt an einer Wegkreuzung ein Trampelpfad nach oben. Dieser Versuchung müssen Sie widerstehen, dort wird es je nach Steinschlagaufkommen der vorangegangenen Tage geradezu halsbrecherisch. Der Offa's Dyke Path ist der linke Weg. Er fällt ein wenig ab, folgt einer Baumreihe auf das wohl höchste *Stile* der Wanderung zu. Durch den dichter werdenden Wald kommen Sie zurück auf die Straße, dort gehen Sie rechts herum auf die Haarnadelkurve am **Worlds End** zu.

Wegweiser im Moor

Bei schlechtem Wetter kommt es Ihnen hier wirklich wie das Ende der Welt vor: Die Straße versinkt im Wasser einer Furt und verliert sich schließlich völlig im Hochmoor.

Worlds End, Weg durch das Moor

Die trostlosen Geröllfelder werden durch noch trostlosere, triefend nasse Moorlandschaft abgelöst. Und Plas Uchaf, das edle Herrenhaus aus dem 17. Jh. dort unten im Tal, scheint auch seit Ewigkeiten nicht bewohnt zu sein.

Bei gutem Wetter lädt die Furt zu einem Fußbad ein, Lerchen zwitschern und man begegnet im Moor Ausflüglern, Mountainbikefahrern und Moorhühnern. Im westlichen Teil des Moores tummeln sich in der Dämmerung die Jäger. Sollten Sie auf einen dieser Moorhuhn-Schießstände treffen, sind Sie ungefähr 1 km nach Südwesten von Ihrem Weg abgekommen.

- Geocache GCXZV2 Guinivere's Lookout – The Knights Series, Traditional Cache

Nach etwa 1,5 km auf der Schotterpiste nach Norden zeigt ein Wegweiser für Offa's Dyke Path Wanderer nach links (Nordwesten).

- Geocache GCY0J9 The Sword in the Stone – The Knights Series, Puzzle Cache (Terrain 4, Difficulty 4!!!)

Der Weg durch das Torfmoor läuft sich angenehm weich, an sumpfigen Stellen geht man auf Bahnschwellen. Im Nebel sollten Sie diese Passage nur mit Kompass und sehr vorsichtig angehen.

- Geocache GCYGYW Walk the Planks......Offas Dyke.., Traditional Cache
- ♦ Geocache GCYMWX Walk the Planks....(Llandegla Forest), Traditional Cache (winziges Mikro!)

Stetig führt der Weg leicht bergauf auf ein Waldgebiet zu. Über ein *Stile* kommen Sie in eine Baumschule (Fichten). Der Boden federt auch hier noch weich und an manch einer Stelle hindern nur die Bahnschwellen daran, bis zum Hals vom Morast verschlungen zu werden. Halten Sie auch im Wald den Kurs nach Nordwest bei. Nach 1,8 km - inzwischen geht es wieder bergab - treffen Sie auf eine Wasserleitung zum **Pendinas Reservoir** und folgen ihr ein paar Meter nach links.

Durch ein schmaler werdendes matschiges Tal und auf einem mit Gras bewachsenen Waldweg laufen Sie genau auf die Gebäude von **Nant yr Hafod** zu. In manchen Karten steht noch der alte Name "Hafod Bilston". Sie verlassen das Grundstück durch ein eisernes Tor mit der Aufschrift "Offa's Dyke Path - Llwybr Clawdd Offa".

Hinter dem schön restaurierten Gehöft folgen Sie kurz der Zufahrt, bevor Sie weiter nach Nordwesten gehen. Der Weg schlängelt sich unter zwei Hochspannungsleitungen und über einen Seitenarm des Alyn durch die Felder. Steil geht es an der Rückseite eines Gartens zur A 525 hoch.

Auf einem kurzen Weg zwischen den Häusern von **Pen-y-stryt** kommen Sie auf eine Gasse, die auf die A 5104 führt. Dieser folgen Sie die restlichen 500 m bis Llandegla.

Llandegla

✆ 01978

B&B M. Surrey, Raven Farm, Llandegla, nr Wrexham, Denbighshire LL11 3AW, ☏ 790224, ➲ 150 m, März bis Okt, 6 Betten, ÜF £ 22, eine der gemütlichsten Unterkünfte dieser Wanderung, Begrüßungstee. Bitte erst nach 16:00 eintreffen, sonst wird der Farmbetrieb zu sehr gestört.

♦ Joy Thompson, Saith Daran Farm, Llandegla, nr Wrexham, Denbighshire LL11 3BA, ☏ 790685, ianjoy@saithdaran.freeserve.co.uk ➲ 1,6 km, 4 Betten, ÜF £ 22,50 auch nach Llandegla und zum Pub. Begrüßungstee, Stark befahrene Straße

♦ Elinor Rogers, Hand House, Llandegla, Denbighshire LL11 3AW, ☏ 790570, ➲ am Weg, 6 Betten, ÜF £ 30 per Taxi, Begrüßungstee

♦ Kim Welman, The Old Rectory, Llandegla, Wrexham, Denbighshire LL11 3AW, ☏ 790563, ☏ 07764/191142 (mobil), http://oldrectory.llandegla.mysite.wanadoo-members.co.uk, kim@welman.fsworld.co.uk, ➲ am Weg, 4 Betten, ÜF £ 30, Begrüßungstee

Sheila Byrne, Memorial Hall, c/o 2 The Village, Llandegla, Wrexham, Denbighshire LL11 3AR, ☏ 790266, ➲ am Weg. Familie Byrne ist vielen Offa-Wanderern noch als B&B-Gastgeber bekannt. Inzwischen bietet sie nur noch für £ 3 pro Kopf Camping auf der Wiese (Raum für 40 Zelte) hinter dem Bürgerhaus an.

✕ The Willows, ☏ 790237, www.thewillowsrestaurant.co.uk, Mo bis Fr 12:00 bis 15:00, 17:00 bis 21:30, Sa 12:00 bis 21:30, So 12:00 bis 20:00

Mo, Di, Do, Fr 8:30 bis 18:00, Mi, Sa 8:30 bis 12:00

Llandegla, Wegweiser an der Kirche

🚌 G.H.A. Coaches, ☏ 01978/753598, von/nach Ruthin und Wrexham.

🚗 Phil's Taxis, ☏ 01824/704288

✝ St. Tecla's war früher Pilgerziel. Nach dem guten St. Tecla, einem syrischen Märtyrer, wurde die Quelle nebenan benannt, die angeblich Epilepsie heilen konnte. Von ihm leitet sich auch der Ortsname her (Llan = heilig, Degla = Tecla).

11. Etappe: Die Mutter der Berge - Llandegla bis Bodfari

28 5 km, 55 Stiles, Karte 6

Frühstücken Sie gut vor der letzten Bergetappe. Auch wenn es nie höher als 554 m geht, ist die Strecke von **Llandegla bis Bodfari** anstrengend. Anders als auf dem Kamm der Hatterhall Ridge vor Hay bleiben Sie nicht auf einer Höhe, sondern es erwarten Sie heute knapp 900 Höhenmeter bergauf und etwa 1.100 m bergab. Neben der Kirche können Sie an klaren Tagen schon den Moel Fammau sehen. Doch zunächst liegen 5 km fruchtbares Ackerland vor Ihnen. Rechts an der Kirche vorbei führt eine schmale Straße geradeaus. Ab hier ist der Weg schlecht markiert.

Queren Sie nach einem *Stile* ein Feld, der Fluss **Alyn** muss links von Ihnen fließen. Über eine Fußbrücke schneiden Sie eine Flussbiegung ab, eine zweite Fußbrücke führt über einen Zufluss zum Alyn. Eine weitere Brücke spannt sich über den Zusammenfluss zweier Bäche. In diesem Streckenabschnitt gibt es an manchen Tagen nasse Füße. Neben dem anschließenden Feldweg blühen im Sommer Tausende von Schlüsselblumen und Sumpfdotterblumen. Folgen Sie dem Weg, wenn er nach links abknickt. Rechts und links ragen nun Sandsteinfelsen aus der Sumpflandschaft hervor. Bei genauer Betrachtung können Sie in einigen Felsen Höhlen entdecken, die in prähistorischen Zeiten bewohnt waren. Kreuzen Sie die B 5431. Auf dem Feldweg zur **Chweleiriog Farm** und einem gut markierten Weg südlich der Farm kommen Sie zu einem Feldweg, dem Sie bis zur **Tyddyn-tlodion Farm** folgen. Sie treffen auf eine Straße, auf dieser gehen Sie nach Norden weiter. Frühjahrswanderer können sich an den mit Veilchen bewachsenen Straßenrändern freuen. Am Parkplatz 800 m weiter, kurz hinter dem Wegweiser nach **Llanarmon-Yn-Ial**

B&B Alma Gaffney, Philadelphia Chapel, Mill Lane, Llanarmon-Yn-Ial, Denbighshire CH7 4QN, ☏ 01824/780281, ➲ 2 km, 5 Betten, ÜF £ 20

♦ Dorothy Gent, Tyn Y Groesfford, Mill Lane, Llanarmon-Yn-Ial, Denbighshire CH7 4QN, ☏ 01824/780259, dorothygent@yahoo.co.uk, ➲ 2 km, 5 Betten, ÜF £ 20

B&B Jeanette Mitchell, Gweryd Lodge, Plas Lane, Llanarmon-Yn-Ial, Denbighshire CH7 4QJ, ☏ 01824/780230, FAX 780593, www.gwerydlakes.co.uk, info@gwerydlakes.co.uk, ➲ 700 m, 8 Betten, ÜF £ 22,50 (B&B), £ 6 (Bunkhouse) £ 4,50

GHA Coaches, ☏ 01978/753598, von/nach Ruthin und Mold ⌛ Mo bis Fr 10 x täglich, Sa 9 x täglich

E1's Taxis, ☏ 01824/704133, Anrufsammeltaxi von/nach Wrexham, £ 0,50 pro Fahrt

Pen-y-Ffrith Bird Park & Garden, ☏ 01824/780501, £ 5, Kinder £ 3, Ende März bis Nov, tägl. 10:00 bis 17:00, schöner Landschaftsgarten mit Fasanen, Eulen, Enten und anderem Federvieh

6
Irish Sea
N
W
O
S
A 548
Prestatyn
Meliden
A 5151
Dyserth
Llyn Helyg
A 525
Rhuallt
A 55
River Clwyd
Bodfari
A 541
A 55
River Alyn
Mold
Clwydian Range
Moel Famau
A 494
Ruthin
Clwyd Gate
7,5 km
5 km
2,5 km
0 km
Llanarmon-
yn-Ial
A 5104
A 525
A 525
Llandegla
© Stein Verlag

beginnt der Aufstieg zum ersten Berg der **Clwydian Range**, der die Landschaft des nördlichen Grenzlandes beherrschenden Bergkette. Hinter dem Parkplatz teilt sich der Weg zweimal kurz hintereinander. Die Straße knickt nach links ab, Sie bleiben auf Nordkurs. Zwei Fußwege führen um das Wäldchen Nurse Fawr herum, Sie nehmen den linken Weg geradeaus den steilen Südhang des **Moel y Plâs** hinauf. Dieser Berg hat drei Gipfel, neben dem Hauptgipfel mit 450 m bieten die Nebengipfel mit 413 m und 410 m auch schon gute Fernblicke.

Am linken Waldrand entlang, vorbei an einem Funkmast, kommen Sie an eine Wegkreuzung. Hier wählen Sie den weiter nach Norden führenden Weg geradeaus. Ganz auf den Moel y Plâs müssen Sie nicht hinauf, der Weg verläuft rechts versetzt vom südlichen Nebengipfel. Kurz davor dreht der Offa's Dyke Path an einer Mauer links auf den nördlichen Nebengipfel zu. Auch dieser wird links liegen gelassen. Immer an der Trockensteinmauer entlang geht es bergab zu einem alten Schweinestall.

Den **Moel Llanfair** umrunden Sie im Uhrzeigersinn. Im Westen ist bald die Stadt Ruthin zu sehen. Ziemlich genau zwischen dem Moel Llanfair und sei-

Heidelandschaft am Moel Llanfair

Moel Gwy, Blick nach Clwyd Gate

nem Nachbarn, dem Moel Gwy führt von rechts ein Weg auf den Offa's Dyke Path. Bei gutem Wetter haben Sie hier einen ersten Blick auf die Irische See.

🌐 Geocache GCTMTH Moel Gwy, Traditional Cache

Auch der **Moel Gwy** wird an seinem Fuß auf der Westseite ohne Gipfelstürmung umwandert. Wenn der zweite Weg rechts abgeht, folgen Sie den Wegweisern nach Westen um das Waldstück Coed Plâs-y-nant herum. Sie laufen jetzt auf zwei Farmhäuser zu. Etwas oberhalb ist das Clwyd Gate Inn & Motel an der A 494 zu sehen.

Clwyd Gate

✆ 01824

🛏 ✕ Clwyd Gate Inn & Motel, Mold Road, Llanbedr DC, Ruthin, Denbighshire LL15 1YF, ☎ 704444, FAX 703513,
💻 www.clwydgatemotel.co.uk, ✉ info@clwydgatemotel.co.uk ➲ am Weg, 25 Betten, ÜF £ 35, Schwimmbad, Whirlpool ■. Die Preise im Restaurant sind nichts für Low-Budget-Reisende.

Path bei Clwyd Gate

B&B Iris Gates, Bwlch Uchaf, Llanbedr DC, Ruthin, Denbighshire LL15 1YF, ☏ 780229, ➲ am Weg, 4 Betten, April bis Okt, ÜF £ 25.

♦ Mrs Davies, Ffynnon y Berth, Clwyd Gate, Llanarmon-yn-Ial, Mold, Denbighshire CH7 5TA, ☏ 780298, ➲ 1 km, 6 Betten, ÜF £ 17,50, £ 2,50

Die Buslinie Mold - Ruthin führt auf der A 494 am Clwyd Gate Inn & Motel vorbei. Es gibt keine Bushaltestelle, aber die Busfahrer halten für jeden an, der lange genug auf Höhe des Briefkastens am Straßenrand steht und rechtzeitig winkt.

Ruthin

01824

Craft Centre, Ruthin LL15 1BB, ☏ 703992, ruthin@nwtic.com, 10:00 bis 17:00

The Wynnstay Arms, Well Street, Ruthin, Denbighshire LL15 1AN, ☏ 703147 , http://wynnstayarms.com, reservations@wynnstayarms.wanadoo.co.uk ➲ 3 km, 16 Betten, ÜF £ 35

- Bar Llaeth, St. Peter's Square, Sandwichbar
- Elfair Y Siop Lyfrau, Upper Clwyd Street, ☏ 702575, gut sortierter Buch- und Landkartenladen
- ♦ 7 twenty, 15 Clwyd Street, ☏ + FAX 707154, Outdoorer für Extremsportler
- ♦ Clwyd Army & Navy Stores, 19 Well Street, ☏ + FAX 707184, Armyshop, gut sortiert bei Wanderschuhen und Campingzubehör.
- GHA Coaches, ☏ 01978/753598, von/nach Llangollen und Corwen ⌛ Mo bis Sa sowie von/nach Llanarmon-Yn-Ial und Mold ⌛ Mo bis Fr 10 x täglich, Sa 9 x täglich
- ♦ M&H Coaches, ☏ 01745/812057, von/nach Llandegla und Wrexham ⌛ Mo bis Sa 2 x täglich
- ⌘ Ruthin Goal, das alte Stadtgefängnis, 46 Clwyd Street, ☏ 708281, FAX 708258, 💻 www.ruthingaol.co.uk, tägl. 10:00 bis 17:00 (Nov bis März Mo geschlossen), £ 3, Kinder bis 16 Jahre £ 2.
- ♦ Ruthin Castle, 1296 auf den Resten eines Keltenforts errichtet und nach einigen Zerstörungen 1830 wieder aufgebaut, wird heute als Hotel genutzt. Mit etwas Glück bekommt man einen Platz; ☏ 702664; bei einem der mittelalterlichen Bankette.

Nach Osten folgen Sie der A 494 ca. 200 m bis zu einer Ausfahrt. Unterhalb des Hauses mit seinem bezaubernden Garten haben Sie die Wahl zwischen zwei Routenalternativen.

Ursprünglich führte der Offa's Dyke Path über die Kuppen von **Gyrn** und **Moel Eithinen** nach Norden. Das Right of Way für die alte Route besteht nach wie vor. Dieser Weg ist kürzer, aber um knapp 100 Höhenmeter anstrengender als der andere. Der neue offizielle Offa's Dyke Path verläuft in nordöstlicher Richtung zunächst neben mehreren Trockensteinmauern an der Moeleithinen Farm vorbei.

Etwa 300 m dahinter biegt der Weg scharf nach links ab, führt links an der Baumschule vorbei und stößt im **Bwlch Crug-glâs**, einem Joch zwischen Moel Eithinen und Foel Fenlli, auf die frühere Strecke.

Hier folgen Sie nur dann geradeaus dem ursprünglichen Verlauf des Offa's Dyke Path, wenn Sie geschichtlich interessiert sind. Um die Erosionen am Hillfort auf dem **Foel Fenlli** nicht zu verstärken, sind die Wanderer aufgerufen, den Wall möglichst westlich zu umgehen.

Path am Foel Fenlli

🌐 Geocache GCTMTE Foel Fenlli, Traditional Cache

Der Abstieg zum Bwlch Penbarras ist steil, an nassen Tagen kommt man ins Rutschen. Wenn der Parkplatz am Bwlch belegt ist, müssen Sie sich auf dem anschließenden Streckenabschnitt auf Menschenmassen gefasst machen.

Die Strecke von dort bis zum Jubilee Tower auf dem **Moel Fammau** ist eine beliebte Strecke für Sonntagsspaziergänge mit der Familie, Wochenendausflüge der Pfadfinder und Erlebnisreisen für Senioren. Kurzum: An einem sonnigen Wochenende treffen Sie in der kommenden Stunde mehr Menschen als auf der gesamten bisherigen Wanderung. Entsprechend ausgelatscht sind die Wege hier.

An den vielen Absperrungen und Verbotsschildern sehen Sie, dass die Behörden erheblich mehr Probleme mit der Erosion durch Sandalen haben als durch Wind, Wasser und Frost. Überqueren Sie die Straße und den Parkplatz am **Bwlch Penbarras** (Übernachtungsmöglichkeiten in Mold, Llanferres und Llanbedr Dyffryn-Clwyd, 🚌 von/nach Mold Juni bis Sep So alle 30 Min.).

Moel Fammau, Aussicht vom Jubilee Tower

Weg hinauf zum Tower

B&B The Druid Inn, Ruthin Road, Llanferres Denbighshire CH7 5SN, ☏ 01352/810225, www.druidinn.com, druidinn@aol.com 1,6 km, 13 Betten, ÜF £ 32,50, per Taxi.

Griffin Inn, Llanbedr D.C. Ruthin, Denbighshire LL15 1UP, ☏ 01824/702792, popeyejones@btinternet.com, 1,6 km, 8 Betten, ÜF £ 30, im Garten erlaubt, einfache saubere Zimmer, nette und hilfsbereite Gastleute ✉.

Maeshafn Youth Hostel wurde 2005 geschlossen, eine Wiedereröffnung ist nicht in Sicht.

Geocache-Serie Mushroom Path 1 bis 6

Durch das Tor in der nordwestlichen Ecke gelangen Sie auf den breiten Weg zum Moel Fammau. Diesem folgen Sie erst 800 m nach Nordwesten, dann weitere 1,7 km nach Norden, einfach immer den anderen hinterher.

Die Mutter aller Berge

Der **Moel Fammau** ist aus dem Walisischen übersetzt der "Mutterberg". In 554 m Höhe finden Sie auf vier Metallplatten Erklärungen zum Panorama - mitten im Nichts tut es gut zu wissen, dass Liverpool gerade einmal 20 Meilen entfernt ist. Die Staatliche Kartografieanstalt Ordnance Survey (gute topografische Karten) nutzt den Moel Fammau als Vermessungspunkt für Landkarten und Satellitennavigation.

1810 wurde zum 50. Kronjubiläum von König Georg III. mit dem Bau einer Pyramide in ägyptischem Stil begonnen. Was davon heute auf dem Moel Fammau steht, ist nicht etwa der Rest eines verfallenen Turms, sondern eine Bauruine. Der **Jubilee Tower** wurde nie fertiggestellt – vermutlich weil Georg III. im Laufe des Jahres 1810 geisteskrank wurde und sein Sohn, der Prince of Wales und spätere König Georg IV., schon 1811 die Regentschaft übernahm. Er aber verabscheute Wales als Region "ohne jede Art von Komfort oder Unterkunft" und mied es, wann er nur konnte. 1862 wurde der unfertige Turm in einem Sturm schwer beschädigt, nur die unterste Ebene konnte gerettet werden.

🌐 Geocache GCTMTC Moel Famau Summit, Traditional Cache

Sie verlassen die Mutter der Berge durch ein Gewirr von Trampelpfaden auf dem breiten Weg nach Westnordwest. Zum Teil sollen Stufen die weitere Erosion verhindern, erreichen aber das glatte Gegenteil, weil das Laufen erleichtert wird und noch mehr Menschen diese Wege nutzen.

Auf halber Strecke zwischen dem Jubilee Tower und dem kleinen Bergsee Pwll y Rhos bietet sich ein guter Blick nach Süden zur Hügelfestung auf dem **Moel y Gaer**. Stetig am Zaun entlang führt der Weg auf dem Bergkamm nach Norden auf den Moel Dywyll zu. Sein Gipfel wird durch einen riesigen Steinhaufen markiert.

🌐 Geocache GCXPAP Making a mountain out of Moel Hills, Traditional Cache

Bis zum **Moel Llys-y-coed** schlängeln sich Mauer und Offa's Dyke Path durch das Bergland. Steil geht es vom Moel Llys-y-coed bergab auf eine Straße mit einem kleinen Parkplatz zu. Die Gastgeber im nahe gelegenen **Llangynhafal** holen Wanderer hier und am Parkplatz hinter dem Moel Arthur ab und bringen sie am nächsten Morgen wieder zurück.

The Golden Lion Inn, Llangynhafal, Denbigh LL16 4NT, ☎ 01824/790451, www.thegoldenlioninn.com, info@thegoldenlioninn.com. 1,8 km, 5 Betten, ÜF £ 25 bis 30, £ 4, , gemütliches Pub mit besten Barmeals und Nachspeisen.

B&B The Hendersons, Esgairlygain, Llangynhafal, Denbigh LL15 1RT, ☎ + FAX 01824/704047, 2 km, 6 Betten in einem urigen, denkmalgeschützten Nebenhaus, ÜF £ 24,50, (auch zum/vom Inn)

♦ Mari Evans, Bryn Egwallt, Llangynhafal, Denbigh LL16 4NB, ☎ 01824/790067, mari@evans50.fsworld.co.uk 2 km, 4 Betten, ÜF £ 25 (Moel Arthur)

Der Path wird wegen der Erosionsprobleme seit Anfang der 1990er Jahre nicht mehr über den Moel Arthur geführt, sondern östlich daran vorbei. Der Anstieg ist dennoch ganz schön anstrengend.

Hinunter zur nächsten Straße mit dem nächsten Parkplatz geht es auf grasbewachsenen Hängen. Der Weg führt über den Parkplatz und am nördlichen Waldrand entlang zunächst 500 m nach Westen, später genauso weit nach Nordwesten. Achten Sie bei den vielen Forstwegen sorgfältig auf die Schilder mit der Eichel.

Geocache GCZM9N Dai Blaine Series -Vertigo, Traditional Cache

♦ Geocache GCTMY1 Penycloddiau, Traditional Cache

Sie erreichen die Fortruine von **Penycloddiau** und betreten sie durch das Südtor. Dieses Fort unterscheidet sich von den anderen Hügelfestungen schon allein durch seine enorme Größe. Von Südtor zu Nordtor laufen Sie fast 1 km. Wenn es die Zeit erlaubt, empfehlen sich ein Rundgang entlang der Ringmauern und ein Picknick an dem Teich in der Mitte des Forts.

Auf dem Kamm geht es hinab ins nächste Tal, auf halber Höhe überwinden Sie ein *Stile,* das dem Ramblers Association - und Offa's Dyke Path - Pionier Arthur Roberts gewidmet ist.

Etwa 1,5 km von **Penycloddiau** entfernt treffen Sie auf einen Feldweg. Folgen Sie ihm nach links auf das Farmgebäude Ty Newydd zu. Überqueren Sie den Bach und biegen Sie nach einem kleinen Anstieg wieder links ab. Durch das Moorland wandern Sie am Fuß eines Hügels nach Westen. Wenn der breite Weg 1 km hinter der Brücke nach Norden schwenkt, nehmen Sie den schmalen Trampelpfad geradeaus.

Über das *Stile* vor Ihnen gelangen Sie auf mehrere Felder. Halten Sie immer auf **Grove Hall** und die Grove Hall Farm zu, der Weg geht rechts daran vorbei. Sie klettern nun über ein weiteres *Stile*, kreuzen das obere Ende eines Hanges, orientieren sich rechts und laufen in nördlicher Richtung über eine Serie von *Stiles* auf eine kleine Zufahrtsstraße zu.

Der Straße folgen Sie bis zu einer T-Kreuzung nach Westen, dort kurz nach Norden und gleich wieder nach Westen. Von hier können Sie die Kirche von Bodfari schon sehen. Wo die Straße nach Süden abbiegt, folgen Sie dem Weg auf eine Fußbrücke über das Flüsschen Wheeler. Kurz nachdem Sie die stillgelegte Bahnstrecke Mold-Denbigh überquert haben, treffen Sie auf die A 541.

Bodfari

01745

B&B Anne Roberts, Swn yr Afon, Mold Road, Bodfari, Denbighshire LL16 4DP, ☏ + FAX 710333, anne@swnyrafon.co.uk ➲ 800 m, 4 Betten, ÜF £ 30. Die Fledermäuse im Schuppen darf man ansehen, wenn man nur freundlich genug fragt. + kostenloser Transport zu Dinorben Arms.

♦ Sue Hudson, Ty'r Aer Bach, Llandyrnog, Denbigh LL16 4 HY, ☏ 710553, info@tabholidays.co.uk, ➲ 2 km, 6 Betten, ÜF £ 17,50

Station House Caravan Park, Bodfari, Denbigh, Denbighshire LL16 4DA, ☏ 710372, stationhousecaravanpark@btinternet.com, ➲ 300 m, 8 Stellplätze für Zelte, £ 6 bis 8 je Zelt, Dusche £ 0,50, April bis Oktober.

SPAR Mo bis Fr 7:00 bis 19:00, Sa 7:30 bis 19:00, So 8:00 bis 18:00, Geldautomat

M&H Coaches, ☏ 01745/730700, von/nach Rhyl, Rhuallt und Prestatyn ⌛ Di, Mi, Fr 1 x täglich.

♦ GHA Coaches, ☏ 01978/753598, von/nach Mold und Denbigh ⌛ Mo bis Sa 7 x täglich

12. Etappe: 19,2 km, 55 Stiles, Karte 6
As far as you dare - Bodfari bis Prestatyn

Am letzten Tag auf dem Offa's Dyke Path sind Ihre Gelenke schon nach einer Viertelstunde warmgelaufen. Dann haben Sie nämlich den steilen Anstieg von Bodfari zum Moel y Gaer Hill Fort bereits hinter sich. Lassen Sie sich von dem Namen Moel y Gaer nicht irritieren. Er taucht tatsächlich zweimal auf dieser Wanderung auf: Südwestlich vom Moel Fammau und in Bodfari. Das liegt daran, dass "Moel" im Walisischen "Hügel" heißt und "Gaer" von "Caer" abgeleitet "Mauer" oder "Burg" bedeutet. Und in dieser Gegend gibt es etliche Hügel, auf denen eine Burg oder ein Fort stand.

Gegenüber vom **Downing Arms** geht eine Stichstraße ("No vehicles except for access") von der A 541 ab, der Sie bergauf bis zur nächsten T-Kreuzung folgen. Hier queren Sie ein Feld, an seinem nördlichsten Zipfel klettern Sie über ein *Stile*. Sie kommen über mehrere Felder oberhalb von einem Haus auf eine Zufahrt. Diese kreuzen Sie und erreichen eine kleine Straße. Gehen Sie darauf nach links, ebenso an der nächsten Gabelung. Wenige Schritte weiter beschreibt die Straße eine Haarnadelkurve. Sie halten Kurs Nord und verlassen die Straße über ein *Stile*.

Auf dem anschließenden Feld halten Sie sich am linken Rain, dann führt der Weg mitten durch das nächste Feld und stößt an der **Adwywynt Farm** auf eine Straße.

B&B Gwladys Edwards, Fron Haul, Sodom, Bodfari, Denbighshire LL16 4DY, ☏ 01745/710301, ✉ glad@fhsodom.fsnet.co.uk ➲ 300 m,12 Betten, ÜF £ 30, ⛺ £ 4,50, Tearoom

Nach knapp 2 km kommt eine S-Kurve, von der Sie nur die erste Hälfte mitmachen. Wenn die Straße nach rechts auf das **Pen-y-mynydd Cottage** zuführt, gehen Sie zum 268 m hohen Cefn Du, an dessen Gipfel Sie nur 20 m östlich versetzt vorbeimarschieren.

Auf dem Weg bergab halten Sie vom westlichen Zaun etwas Abstand, um das *Stile* besser zu finden. Der Weg ist hier je nach Jahreszeit nicht besonders gut ausgetreten. Von rechts trifft die Straße wieder auf den Offa's Dyke

Path. Über einen Bach und an der **Pant Glas Farm** vorbei geleitet Sie diese Straße an eine T-Kreuzung am westlichen Waldrand des **Coed Bron-fawr**.

Folgen Sie der Querstraße 15 m nach links, biegen Sie danach in den Feldweg nach Norden ab. Vor dem Campingplatz (keine Übernachtungsmöglichkeit für Offa's Dyke Path Wanderer - außer Sie haben einen Wohnwagen im Rucksack) geht es auf einem weiteren Feldweg kurz nach links und über ein *Stile* in das angrenzende Feld hinein.

Der Offa's Dyke Path erspart Ihnen den Aufstieg zum **Moel Maenefa**, er wird weit unterhalb des Gipfels umrundet. Der schmale Weg ist so dicht mit Stechginster bewachsen, dass Wanderer mit nackten Beinen schnell die lange Hose herauskramen. An heißen Tagen im Mai und Juni duften die gelben Blüten stärker nach Kokosnuss als angenehm ist.

Im Westen können Sie nun die Türme des **Doms von St. Asaph** und die Irische See bei Llandudno sehen. Klettern Sie über das *Stile* in der Ecke der Weide, der Weg wird bald breiter und führt auf ein Sträßchen, dem Sie nur bis zum Ende des nächsten Feldes folgen. Dort überwinden Sie ein weiteres *Stile* und setzen Ihren Weg nach Norden zur verlassenen **Maen Efa Farm** fort.

Dahinter geht es links durch vier Felder auf die Neubaustrecke der A 55 zu. Parallel zur Schnellstraße laufen Sie 200 m nach Norden, hier kann sie auf einer riesigen neuen Fußbrücke überquert werden. Die kleine römische Straße auf der anderen Seite bringt Sie zum Smithy Arms an der Kreuzung der ehemaligen A 55 und der B 5429 in **Rhuallt**.

Rhuallt

✕ Smithy Arms, ganztägig

M&H Coaches, ☏ 01745/730700, von/nach Rhyl, Bodfari und Prestatyn ⌛ Di, Mi, Fr 1 x täglich.

B&B Tan-Yr Onnen Guest House, Waen, St. Asaph LL17 0DU, ☏ 01745/583821, tanyronnenvisit@aol.com, 1,6 km, 6 Betten, ÜF £ 35 bis 50

500 m folgen Sie der kleinen Straße zur **Brynllithrig Hall** nach Norden. Hier tauchen Sie auf einem Waldweg kurz in den Coed Cwm ein, danach geht es am südlichen Waldrand entlang. Sie müssen den **Mynydd y Cwm** nicht bis

zur Spitze besteigen, der Offa's Dyke Path umrundet ihn auf halber Höhe. Nach dem *Stile* in dem Tannenwäldchen nehmen Sie den breiten grünen Weg bis zur **Pen-y-mynydd Farm** und ihrer Zufahrt. Sie stoßen etwas oberhalb zunächst auf eine Fasanenfarm (Hund anleinen!), dann auf die Gebäude von Bodlonfa und auf eine Fahrstraße, der Sie 800 m nach Nordwesten folgen.

🌐 Geocache GCK89W Just Off Offa, Traditional Cache

Kurz nachdem das Waldgebiet endet, verlassen Sie die Straße auf der gegenüberliegenden Straßenseite und durchqueren zwei Felder. Sie kreuzen eine Straße, laufen diagonal durch das nächste Feld und halten dabei auf das östlichste Gebäude der **Marian Cwm** zu. Durch dessen Garten gelangen Sie auf die nächste Querstraße, bleiben aber auf dem Weg geradeaus.

Von der Höhe des Marian Ffrith haben Sie nach Westen und Norden Blick auf die Irische See.

B&B⛺ Two Hoods B&B, 4 Bod Hamer, Cwm, Denbighshire LL18 5SL, ☏ 01745/572953, ☏ 07761/112149 (mobil), ✉ stuart@wanadoo.co.uk, ➲ 1,5 km, 5 Betten, ÜF £ 26 ⛺ £ 4,50

An der nächsten Farm rechts treffen Sie auf einen Fahrweg, dem folgen Sie bis zu einem *Stile* auf der Nordseite. Zwei Felder weiter kommen Sie auf einen Feldweg zur **Morwylfa Farm**. Gegenüber der Farm führt der Weg durch zwei weitere Felder zur Bryn Cnewyllyn Farm.

Nach 300 m biegen Sie an einer T-Kreuzung links ab. Rechter Hand liegt die Ruine der Marian Mühle in einer Schlüsselblumenwiese. Dort treffen Sie auf eine befestigte Straße nach Norden, sie führt durch den Garten von **Henfryn Hall** und über einen kanalisierten Bach. In der Rechtskurve gehen Sie geradeaus auf die viel befahrene A 5151 zu.

Ein paar Meter nach rechts versetzt geht der Offa's Dyke Path neben dem **Ty Newydd** weiter.

Durch zwei Felder gelangen Sie auf eine kleine Straße, der Sie 150 m nach Westen folgen. Nach einigen Stufen orientieren Sie sich nach Nordwesten an einem roten Backsteingebäude. Sie erreichen es durch eine Serie von

Feldern ungefähr dort, wo die Zufahrt zum Haus auf die Straße trifft.

B&B Susan Burnet, Melyd House, Bryn Llys East, Meliden, Prestatyn LL19 8PW, ☏ 01745/887362, ✉ sue@melydhouse.com, 💻 www.melydhouse.com, ➲ 400 m, 4 Betten, ÜF £ 35 🚗 📷.

Gehen Sie nach Westen, an der nächsten Kreuzung nach Norden und an einem *kissing gate* nach Nordosten.

Kurz bevor Sie den Red Roofs Bungalow erreichen, führt der Path durch ein weiteres *kissing gate* östlich daran vorbei. Nehmen Sie an der anschließenden Weggabelung den tiefer gelegenen Weg.

Nun ist das Ende in Sicht. Wenn Sie nach Norden schauen, werden Sie feststellen, dass Sie auf den **Prestatyn Cliffs** etwa 150 m über der Stadt stehen.

Sie haben einen Blick auf die North Hoyle Wind Farm, eine Windkraftanlage in der Irischen See vor Prestatyn. Auf den folgenden 2,5 km schlängelt sich der Offa's Dyke Path am Klippenrand entlang. An Regentagen bedarf es größtmöglicher Konzentration, um dem schlüpfrigen Untergrund unfallfrei zu

Cachen in den Prestatyn Cliffs

entkommen. Diese Strecke ist scheinbar nicht sehr beliebt, der Weg ist spätestens im Juni von Stechginstersträuchern, Brennnesseln und Brombeerranken überwuchert. Erst in dem alten Eichenwald von **Coed yr Esgob** lichtet sich das Gestrüpp ein wenig. Mit etwas Glück können Sie hier wilde Orchideen sehen.

- Geocache GCZDVM Offa u go!, Traditional Cache
- Geocache GCHMYN Irish Sea View, Traditional Cache
- Geocache GC105VB Uplands Micro, Traditional Cache

Unmerklich haben Sie auf dem Kliff weitere 60 m an Höhe gewonnen. Auf dem nächsten Kilometer steigen Sie 210 m zur Stadt hinab und kommen auf einer kleinen Straße heraus. Auf der **Bishopswood Road** lädt ein Parkplatz mit Holztischen zum letzten Picknick ein.

Auf der Fford-las (im weiteren Verlauf heißt sie High Street und Bastion Road) müssen Sie nur noch 2 km geradeaus ausrollen. An der Kreuzung mit der Meliden Road steht eine Informationstafel zu Dyke und Path. Am Ende der High Street, der Einkaufsstraße von Prestatyn, überqueren Sie die Bahnlinie

Prestatyn, die Zielgerade

Prestatyn, am Zielstein

auf einer Fußgängerbrücke gleich am Bahnhof. Die Bastion Road bringt Sie zum Offa's Dyke Centre. Der Fels vor dem Eingang markiert das Ende des gekennzeichneten Weges. Für jeden Offa's Dyke Path Wanderer ist es aber Ehrensache, weiterzugehen.

Der - wenn auch zweifelhaften - Geschichte nach verlief der Dyke entlang der heutigen Fford-las und verlor sich in der Irischen See. Traditionell folgen die Wanderer der Straße am Offa's Dyke Centre vorbei an den Strand.

Genießen Sie die frische Luft und das kühle Wasser an den Füßen und waten Sie ins Meer: "so weit, wie Sie sich trauen" - "as far as you dare".

Prestatyn

01745

- Offa's Dyke Centre, Central Beach, ☏ 889092, www.prestatyn.org.uk
  Ostern bis Sep 10:30 bis 16:30. Auf der Theke liegt ein Buch, in das sich alle erfolgreichen Offa's Dyke Path Wanderer eintragen.
- ♦ Beaches Hotel, Beach Road East, Prestatyn, Denbighshire LL19 7LG, ☏ 853072, www.thebeacheshotel.com, info@thebeacheshotel.com ➲ 900 m, 145 Betten, ÜF £ 45 bis 55

♦ Roughsedge Guest House, 26-28 Marine Road, Prestatyn, Denbighshire LL19 7HD, ☏ 887359, FAX 852883, ✍ roughsedge@ykubler.fsnet.co.uk, ➲ 100 m, 15 Betten, ÜF £ 22,50 bis 25, deutscher Inhaber, P für Motorräder auf dem Grundstück, für Autos auf der Straße.

B&B⛺ Kevin & Pat James, 29 Gronant Road, Prestatyn, Denbighshire, LL19 9DT, ☏ 851884, ✍ silvermere@tiscali.co.uk, ➲ am Weg, 🚗 ■, 4 Betten, ÜF £ 20, ⛺ £ 3, 🚪 März bis Okt.

B&B Swan Simpson, Plas Ifan Chapel, 17 Ffordd las, Prestatyn, Denbighshire LL19 9SG, ☏ + FAX 887883, ☏ 07789/992335 (mobil), ✍ plasifan@hotmail.com, ➲ am Weg, 6 Betten, ÜF £ 30 ■

⛺ Nant Mill Caravan & Tenting Park, Prestatyn, Denbighshire LL19 9LY, ☏ 852360, 💻 www.nantmilltouring.co.uk, ✍ nantmilltouring@aol.com ➲ 2 km, 🚪 Apr bis Okt, £ 11 für kleines Zweimannzelt + £ 0,40 für Dusche. Nahezu baumloser Platz mit Massenabfertigung und Straßenlärm.

☕ Eva's Pantry, 93 High Street (Speisekarte: 💻 www.prestatyn.org.uk/eva's.pantry).

🚌 National Express, 💻 www.nationalexpress.com, von/nach Pwllheli, Porthmadog, Caernarfon, Bangor, Chester, Birmingham, London, Llandudno, Liverpool, Manchester, York ⌛ 1 x täglich

♦ Arriva Cymru, ☏ 01745/343492, von/nach Rhyl und Chester ⌛ Mo bis Sa tagsüber 2 x stündlich, So alle 2 Std.

♦ Clwydian Ranger von/nach Llangollen ⌛ Di, So 1 x täglich

🎾 Schwimmbad und Sauna im Nova Centre, Central Beach, ☏ 888184, FAX 852476, 💻 www.prestatynnova.co.uk, ✍ nova.centre@denbighshire.gov.uk, 🚪 Mo, Fr 16:00 bis 20:00, Di, Do 17:00 bis 20:00, Sa, So 10:00 bis 13:00 + 14:00 bis 17:00. Erwachsene £ 1,80, ermäßigt £ 1,20.

⌘ 1984 wurden bei Ausgrabungsarbeiten in der Melyd Avenue die Grundmauern eines römischen Badehauses entdeckt. Die Funde können in der Stadtbibliothek besichtigt werden.

Kleiner Sprachführer
Index

Prestatyn, "As far as you dare"

Da quasi jeder Welshman Englisch spricht, beschränkt sich der Sprachführer auf geografische Bezeichnungen und kleine Höflichkeitsfloskeln.

Wer mehr wissen will, kauft vor Ort einen der vielen Comic-Sprachkurse, lädt aus dem Internet den BBC-Kurs catchphrase (💻 www.bbc.co.uk/wales/catchphrase) oder bestellt die Videos "Now You're Talking" von SAIN, Llandwrog, Caernarfon, Gwynedd LL54 5TG, ☏ 01286/831111, FAX 01286/831497.

Walisische Ortsnamen wirken nicht mehr ganz so unaussprechlich, wenn man weiß, dass auch W und Y Vokale sind. W wird wie unser U ausgesprochen. Y wird als ganz kurzer, offener Laut irgendwo zwischen I und Ü gebildet. U entspricht in Nordwales unserem Ü, in Südwales einem langen I. Die Vokale A, E, I und O werden wie im Deutschen ausgesprochen.

Auch **Konsonanten** sind nicht so schwer auszusprechen. Vieles läuft parallel, mit dem CH haben Engländer sogar mehr Probleme als Deutsche, da es sich wie unser CH in "Loch" oder "machen" anhört. F ist ein weicher Laut, näher am deutschen W als an F oder V. Bei FF und PH zischt es hingegen ganz gewaltig. DD und TH werden wie das englische TH ausgesprochen.

Einzig das LL bedarf einiger Übung und hört sich anfangs wie eine Halskrankheit an: Drücken Sie die Zungenspitze hinter die oberen Schneidezähne, halten sie die restliche Zunge möglichst weit unten. Wenn Sie nun stimmlos an der Zunge vorbei ausatmen, entsteht ein Geräusch, das Sie von Beatmungsmaschinen aus dem Fernsehen kennen. An diesem kehligen "CHL" scheitern aber auch viele Briten.

Geographisches

Walisisch	**Englisch**	**Deutsch**
aber	estuary	Mündung
afon	river	Fluss
bach	little, small	klein
bryn	hill	Hügel
bwlch	pass	Pass
caer (gaer)	wall, fort, castle	Mauer, Fort, Burg
camfa	Stile	Zauntritt
carn	cairn	Steinhaufen
carreg	stone	Stein, Felsen

castell	castle	Burg
cefn	ridge	(Berg-)Kamm
clawdd	dyke	Deich, Damm, Wall
clogwyn	cliff	Kliff
coch	red	rot
coed	wood	Wald
coeden	tree	Baum
cornant	brook	Bach
cwm	valley	Tal
du (ddu)	black	schwarz
dwr	water	Wasser
eglwys, llan	church	Kirche
ffordd	way	Weg
fforest	forest	Wald
gorynys	peninsula	Halbinsel
grid gwartheg	cattle grid	Viehgitter im Boden
gwastadedd	plain	Hochebene
Llanfair	St. Mary's Church	Marienkirche
llwybr cyhoeddus	public footpath	öffentlicher Fußweg
llyn	lake	See
llys	hall, palace	Villa, Herrenhaus
maen	stone	Stein
mawr (fawr)	big	groß
melin	mill	Mühle
moel	hill	Hügel
morfa	moor	Moor, Heide
mynydd, mynd	mountain	Berg
nant	stream	Fluss
newydd	new	neu
pen	peak	Gipfel
pont	bridge	Brücke
tre (dre)	town	Stadt
twr	tower	Turm
ty	house	Haus
ysgubor	barn	Scheune

Survival-Phrasen

Bore da	Good morning	Guten Morgen
Prynhawn da	Good afternoon	Guten Tag
Noswaith da	Good evening	Guten Abend
Nos da	Good night	Gute Nacht
Hwyl/hwyl fawr	Bye/good-bye	Tschüss/Auf Wiedersehen
Pob hwyl	So long	Bis dann
Sut ydych chi?	How do you do?	Wie geht's?
Os gwellwch yn dda	Please	Bitte
Diolch/diolch yn fawr	Thanks/Thank you very much	Danke/ Vielen Dank
Ia	Yes	Ja
Na	No	Nein
Un cwrw, os gwellwch yn dda!	One pint, please!	Ein Bier, bitte!
Iechyd da!	Cheers!	Prost!
Un cwpan o dde/coffi, os gwellwch yn dda!	A cup of tea/ coffee, please!	Eine Tasse Tee/ Kaffee, bitte!
Ble mae'r -	Where is -	Wo ist -
- ty bach	- a toilet	- eine Toilette
- (teli)ffon	- a (tele)phone	- ein Telefon
- y Llwybr Clawdd Offa	- the Offa's Dyke Path	- der Offa's Dyke Path
- ysbyty	- a hospital	- ein Krankenhaus
- meddyg	- a doctor	- ein Arzt
- y swyddfa heddlu	- the police station	- das Polizeirevier
- swyddfa bost	- the post office	- die Post
- y gwersyllfa	- the campsite	- der Campingplatz
- y hostel ieuenctid	- the Youth Hostel	- die Jugendherberge
- Gwely a Brecwast	- Bed & Breakfast	- Bed & Breakfast

OUTDOOR
DER WEG IST DAS ZIEL
England:
Cleveland Way
STEIN
OUTDOOR
DER WEG IST DAS ZIEL
Ulrike Katrin Peters
Karsten-Thilo Raab
England:
Hadrian's Wall Path
STEIN
Ulrike Katrin Peters & Karsten-Thilo Raab
England:
Cleveland Way
OutdoorHandbuch
Band 150
Der Weg ist das Ziel
Conrad Stein Verlag
106 Seiten
20 farbige und 11 schwarz-weiße Abbildungen
14 Kartenskizzen und
1 farbige Übersichtskarte
ISBN 978-3-89392-550-3
Ulrike Katrin Peters & Karsten-Thilo Raab
England:
Hadrian's Wall Path
OutdoorHandbuch Band 174
Der Weg ist das Ziel
Conrad Stein Verlag
109 Seiten
27 farbige und
19 sw. Abbildungen
7 Kartenskizzen
1 farbige Übersichtskarte
ISBN 978-3-86686-174-9

freytag & berndt
www.freytagberndt.com
Weltweiter Kartenanbieter
Schottland · Nordengland
Escocia · Inglaterra del Norte
Schotland · Noord Engeland
1:400 000
freytag & berndt
England · Wales
Inglaterra · Gales
Engeland · Wales
1:400 000
freytag & berndt
Großbritannien · Irland
Gran Bretaña · Irlanda
Groot-Brittannië · Ierland
1:700 000
freytag & berndt
Foto: www.pixelquelle.de

Alle Bücher aus dem Conrad Stein Verlag

OutdoorHandbücher - Basiswissen für draußen

Band		€
1	Rafting	6,90
2	Mountainbiking	6,90
3	Knoten	6,90
4	Karte Kompass GPS	7,90
5	Essbare Wildpflanzen	7,90
6	Skiwandern	6,90
7	Wildniswandern	6,90
8	Kochen 1 aus Rucks. u. Packt.	7,90
9	Bergwandern	6,90
10	Solo im Kanu	6,90
11	Kanuwandern	7,90
12	Fotografieren	7,90
13	Wetter	6,90
14	Allein im Wald - Survival für Kinder	6,90
15	Wandern mit Kind	6,90
16	Sex-Vorb. Technik Varianten	6,90
20	Wüsten-Survival	7,90
21	Angeln	7,90
22	Leben in der Wildnis	7,90
24	Ratgeber rund ums Wohnmobil	7,90
25	Wale beobachten	7,90
30	Spuren & Fährten	6,90
31	Canyoning	7,90
34	Radwandern	7,90
35	Mushing - Hundeschlittenfahren	7,90
36	Gesund unterwegs	6,90
39	Erste Hilfe	7,90
45	Solotrekking	6,90
48	Für Frauen	6,90
58	Fahrtensegeln	7,90
65	Seekajak	6,90
68	Minimal Impact - Outdoor - naturverträglich	6,90
69	Abenteuer Teeniegruppe	6,90
70	Wintertrekking	6,90

Band		€
72	Schnorcheln und Tauchen	6,90
73	Trekkingreiten	7,90
77	Wohnmobil in USA und Kanada	9,90
86	Regenwaldexpeditionen	7,90
94	Wattwandern	7,90
97	Urlaub auf dem Land	7,90
99	Kochen 2 - für Camper	6,90
100	Ausrüstung 1 - von Kopf bis Fuß	7,90
101	Ausrüstung 2 - für Camp und Küche	7,90
102	Ballonfahren	7,90
103	How to shit in the Woods	7,90
104	Globetrotten	7,90
106	Daumensprung und Jakobsstab	6,90
108	DocHoliday - Taschendoktor für Outdoorer, Traveller und Yachties	6,90
120	Trailfinder - Orientierung <u>ohne</u> Kompass und GPS	6,90
129	Kochen 3 - für Zeltlager & Freizeiten	7,90
131	Zeltlager und Jugendfreizeiten - Planung und Vorbereitung	7,90
138	Zeltlager und Jugendfreizeiten 2 Durchführung	7,90
143	Trekking mit Hund	9,90
148	Wenn Kinder fliegen	7,90
165	Fastenwandern	6,90
170	Höhlen - Praxistipps	7,90
176	Vulkane erleben	7,90
181	Kurzweilfibel	7,90
184	Trekking ultraleicht	9,90
197	Pilgern auf d. Jakobswegen	7,90
199	Basiswissen für Wildnisführer	9,90
203	Geocaching	7,90
210	Wale erforschen	9,90

OutdoorHandbücher - Der Weg ist das Ziel

Band		€	Band		€
17	Schweden: Sarek	14,90	71	Nordsp.: Jakobsweg-Küstenweg	14,90
18	Schweden: Kungsleden	12,90	74	Nordirland: Coastal Ulster Way	10,90
19	Kanada: Yukon - Kanu- und Floßtour	12,90	76	Pfälzerwald-Vogesen-Weg	9,90
23	Spanien: Jakobsweg	14,90	78	Polen: Pisa-Narew (Kanuroute)	9,90
26	Schottland: West Highland Way	12,90	79	Bolivien: Choro Trail	10,90
27	John Muir Trail (USA)	10,90	80	Peru: Inka Trail u. Region Cusco	12,90
28	Island: Trekking Klassiker	14,90	81	Chile: Torres del Paine Circuito	12,90
29	Kanada: West Coast Trail	9,90	82	Norwegen: Jotunheimen	12,90
32	Polen: Radtouren in Masuren	12,90	83	Neuseeland: Stewart Island	9,90
33	Trans-Alatau (GUS)	10,90	84	USA: Route 66	9,90
37	Kanada: Bowron Lakes	9,90	85	Finnland: Bärenrunde	9,90
38	Polen: Kanutouren in Masuren	12,90	87	F/CH/I: Montblanc-Rundweg - TMB	9,90
40	Trans-Korsika: GR 20	14,90	88	Griechenland: Trans-Kreta E4	12,90
41	Norwegen: Hardangervidda	12,90	89	Schweden: Skåneleden	9,90
42	Nepal: Annapurna	9,90	90	Mallorca: Serra de Tramuntana	9,90
43	Schottland: Speyside Way	14,90	91	Italien: Trans-Apennin	9,90
44	Tansania: Kilimanjaro	14,90	92	England: Themse-Ring	9,90
49	USA: Grand Canyon Trails	9,90	93	Spanien: Sierra Nevada	12,90
50	Kanada: Rocky Mount. Tageswand.	12,90	95	Norwegen: Nordkap-Route	12,90
51	Tasmanien: Overland Track	12,90	96	Polen: Czarna Hancza/Biebrza-Kanu	9,90
52	Neuseeland: Fiordland	10,90	98	Wales: Offa's Dyke Path	12,90
53	Irland: Shannon-Erne	12,90	107	F: GR 5 - Genfer See - Nizza	12,90
54	Südafrika: Drakensberge	10,90	109	Mecklenb. Seenplatte Kanurundtour	9,90
55	Spanien: Pyrenäenweg GR 11	12,90	112	Norwegen: Telemark-Kanal	9,90
56	Polen: Kanutouren in Pommern	12,90	113	Thüringen: Rennsteig	9,90
57	Kanada: Great Divide Trails	9,90	114	Alpen: Dreiländerweg (CH/A/I)	9,90
59	Kanada: Wood Buffalo NP (Kanu)	9,90	115	Tschechien: Freundschaftsweg	12,90
60	Kanada: Chilkoot Trail	9,90	116	Spanien: Jakobsweg - Vía de la Plata	14,90
61	Kanada: Rocky Mountains-Radt.	10,90	117	Schweiz: Jakobsweg	12,90
62	Irland: Kerry Way	12,90	118	Rund Australien	14,90
63	Schweden: Dalsland-Kanal	12,90	119	Schwäb. Alb: Hauptwanderweg	12,90
64	England: Pennine Way	12,90	121	Italien: Dolomiten-Rundweg	9,90
66	Alaska Highway	12,90	122	D/CH: Schwarzwald-Jura-Weg	9,90
67	Kanada: Rocky Mountains Rundtour	16,90	127	Uganda: Ruwenzori	14,90

Band		€
128	Frankreich: Jakobsweg GR 65	14,90
132	Dem Kommissar auf der Spur	12,90
133	NRW: Natur und KulTour (per Rad)	12,90
134	Mecklenburg- Vorpommern per Rad	9,90
135	Rund Schleswig - Holstein per Rad	9,90
136	Schweiz: Matterhorn - Tour du Cervin	9,90
137	Grönland: Arctic Circle Trail	12,90
139	Belgien: Jakobsweg - Via Mosana	9,90
140	Italien: Alpiner Wanderweg Friaul	12,90
141	Nordspanien: Jakobsweg Alternativr.	12,90
142	D: Jakobsweg Tillyschanz-Konstanz	9,90
144	Kanada: East Coast Trail	9,90
145	Dänemark: Bornholm z. Fuß u.p. Rad	9,90
146	Tschechien: Isergebirge	12,90
147	NRW: Jakobsweg	12,90
149	Nordsp.: Jakobsweg durch den Tunnel v. San Adrián	9,90
150	England: Cleveland Way	9,90
151	Kirgistan: Trekking im Tienschan	12,90
152	Nepal: Langtang, Gosainkund u. Helambu	12,90
154	Deutschland: Rothaarsteig	9,90
155	D: Jakobweg von Darmstadt und Aschaffenburg nach Freiburg	12,90
156	Südafrika: Wild Coast Trail	12,90
157	Österreich: Jakobsweg	14,90
159	Sächsische Schweiz: Trekkingtour	9,90
160	BB: Wochenendtouren rund um Berlin	9,90
161	Italien: Ligurischer Höhenweg	12,90
162	Frankr.: Jakobsweg - Via Tolosana	12,90
163	Harz: Hexenstieg	9,90
164	Teutoburger Wald: Hermannsweg	9,90
166	Frankreich: Jakobsweg Via Lemovicensis	12,90

Band		€
167	NL: Nordseeküstenradweg	12,90
168	Bulgarien: Rila- u. Piringebirge	12,90
169	Dänemark: Nordseeküstenradweg	12,90
171	Türkei: Lykischer Weg	9,90
172	Skandinavien: Nordkalottleden	12,90
173	Russland: Flusskreuzfahrt	14,90
174	England: Hadrian's Wall Path	9,90
175	Schweiz: Bärentrek	9,90
177	Frankreich: Wandern im Vercors	9,90
178	Mit dem Rad von Hamburg durch d. südliche Schleswig-Holstein	9,90
179	Dänemark: Ostseeküstenradweg	9,90
180	Deutschland: Nordseeküstenradweg	12,90
183	Österreich: Bregenzerwald-Lechquellengebirge Rundweg	9,90
185	Portugal/Spanien: Jakobsweg Caminho Português	14,90
186	Italien: Franziskaner Wanderweg	9,90
187	Jakobsweg: München - Bregenz	12,90
188	Jakobsweg: Augsburg - Bregenz	12,90
189	BB: Pilgerweg Berlin - Wilsnack	9,90
190	Schottland: Central Highlands & Cairngorms National Park	12,90
192	Rund um Island	14,90
194	Deutschland Frankreich: Jakobsweg Trier - Vézalay	14,90
195	I: Sentiero Italia Trans Sardinien	14,90
196	Kenia: Mount Kenya	14,90
200	S-H: Wikinger-Friesen-Weg	9,90
201	Schweiz Italien: Via Francigena	14,90
202	Hessen: Kellerwaldsteig	9,90
212	Kanarische Inseln: Wanderungen auf La Gomera	16,90
218	NRW: 5 am Tag-Marathonroute	9,90

OutdoorHandbücher - Fernweh-Schmöker

Band		€	Band		€
46	Blockhüttentagebuch	12,90	126	Kilimanjaro-Lesebuch	8,90
47	Floßfahrt nach Alaska	10,90	130	1.000 Tage Wohnmobil	14,90
75	Auf nach Down Under	7,90	153	Jakobsweg - Lesebuch	7,90
105	Südsee-Trauminsel	9,90	158	Inselfieber	9,90
110	Huskygesang-Hundeschlittenfahrt	7,90	182	Als Frau allein auf der Via de la Plata	7,90
111	Liebe - Schnaps - Tod	7,90			
123	Pacific Crest Trail	9,90	193	Weites Grünes Land	8,90
124	Zwei Greenhorns in Alaska	6,90	205	Als Frau allein durch Afrika	16,90
125	Auf dem Weg zu Jakob	9,90			

ReiseHandbücher

Antarktis	24,90	Kurs Nord	24,90
Grönland	14,90	Rumänien	14,90
Iran	22,90	Schweiz	18,90
Kiel	12,90	Sibirien	22,90
Kiel von oben - Luftbildband	9,90	Spitzbergen-Handbuch	24,90

Fremdsprech

Band		€	Band		€
1	Oh, dieses Dänisch	4,90	6	Oh, dieses Russisch	4,90
2	Oh, dieses Schwedisch	4,90	7	Oh, dieses Norwegisch	4,90
3	Oh, dieses Spanisch	4,90	8	Oh, dieses Niederländisch	4,90
4	Oh, dieses Englisch	4,90	9	Oh, dieses Chinesisch	4,90
5	Oh, dieses Französisch	4,90	10	Oh, dieses Österreichisch	4,90

☺ **Weitere Bücher in Vorbereitung.**
Fordern Sie unseren aktuellen Verlagsprospekt an: